Bremen

Britta Rath

DUMONT direkt

Inhalt

Tach auch

Zu Gast in Bremen

Stadt am Fluss: Weser-Panorama mit Bremer Skyline

12 Highlights

Extra-Touren

17 Reisetipps

Bremen im Internet

Die offizielle Website Bremens und die offizielle Website der Bremer Touristikzentrale enthalten letztlich alle Informationen (auch zu Veranstaltungen, Links zur Ticketbuchung etc.), die man benötigt. Sie sind ausgesprochen übersichtlich aufgebaut und gut zu handhaben. Darüber hinaus führen von hier gegebenenfalls Links zu speziellen Themenseiten.

www.bremen.de
Website für Bremen (mit Link zum Stadtportal Bremerhaven). Ob es um Verkehr oder Wirtschaft geht, ob man Tipps zu Hotels oder Restaurants, Hinweise zu Kunst und Unterhaltung, zu Medien und Literatur sucht: hier findet man so ziemlich alles, was man braucht, um sich in der Stadt als Tourist, Business-Besucher oder auch als Bürger zurecht zu finden. Zur Orientierung ist auch ein Stadtplan hinterlegt.

www.bremen-tourism.de
Die Website der Bremer Touristikzentrale. Unter der Rubrik Reiseprogramme kann man Hotels buchen, man findet auch die Stadtführungen der BTZ und vieles mehr.

www.bremen2010.de
Bremen bewirbt sich als Kulturhauptstadt Europas 2010. Auf dieser Website gibt es Informationen über die Organisatoren der Bewerbung und die Bewerbung an sich.

www.bestofbremen.de
Hier haben Jugendliche für Jugendliche die Stadt erkundet und persönliche Rundgänge durch verschiedene Viertel hinterlegt. Ergänzt wird dies mit Adressen von Internet-Cafés, Jugendunterkünften, Infos zu Museen ebenso wie zu Kneipen etc.

www.citybeat.de
Wer sich über Veranstaltungen in Bremen – Konzerte, Partys, Disco usw. informieren möchte, ist mit citybeat absolut auf dem Laufenden. Hier findet die Szene ihre Informationen.

www.cojito.de
Auf dieser Website kann man sich unter dem Link Bremen über Kneipen, Bars, Lounges u. a. informieren.

www.messe-bremen.de
Die Messe Bremen, die zur Hanseatischen Veranstaltungs-GmbH gehört, informiert über die Messen in Bremen, die Messehallen etc.

www.mix.de
Ziemlich umfassend informiert auch die Website des ebenfalls monatlich erscheinenden Stadtmagazins ›Mix‹ über Veranstaltungen in Bremen, Bremerhaven und Umgebung – von Stadtführungen über Vorträge, literarische Veranstaltungen, Kino bis zu Theater, Musik und Party.

www.prinz.de/bremen
Die Website des monatlich erscheinenden Prinz-Magazins liefert Infos über die in der Bremer Szene stattfindenden Veranstaltungen und mehr.

www.tachauch.de
Das Portal der Bremer Tageszeitungen präsentiert ein breites Spektrum ihrer Pressearbeit. Besonders hilfreich: Hier finden Sie unter der Rubrik Mahlzeit die prima Mittagstisch-Tests von Heinz Holtgrefe.

Tach

Lächelnd und stolz begrüßt der Bremer Roland auf dem Marktplatz die Besucher seiner Stadt: »Vryheit do ik ju openbar« (Freiheit verkünde ich Euch), so heißt es auf seinem Schild. Die Freiheit des Bürgers von bischöflicher oder adeliger Vormundschaft, die Freiheit, Handel zu treiben, und heute der Wille der Bremer Bürger, die Selbstständigkeit Bremens als Bundesland zu bewahren – all das drückt

auch

dieser Satz aus. Bremen ist eine tolerante Stadt, eine Stadt, der Weltoffenheit – nicht zuletzt dank der Seefahrt und des Handels – zur zweiten Natur geworden ist. Das Verspüren auch die nationalen und internationalen Gäste, die als Touristen, als Kongressbesucher, als Handelspartner, als Wissenschaftler oder als Studenten ihren Weg in die Freie Hansestadt finden.

Ausflugslokal Waldbühne

Willkommen

Symbole und Traditionen

Bremen hält seine Tradition in Ehren. Davon zeugen rein optisch der Marktplatz mit dem Rathaus (letzteres zählt ebenso wie der Roland seit 2004 zum Unesco-Weltkulturerbe), und der Schütting: Symbole der Selbstbestimmung der Bürger und der Macht der Kaufleute. Davon zeugt der Bürgerpark – jene große, aus Bürgergeldern unterhaltene Grünfläche –, davon zeugt die Wiederbelebung der Schlachte und davon zeugen überlieferte Feste und Bräuche – von Freimarkt über Eiswette und Schaffermahl bis zur rustikalen Kohlfahrt oder zumindest einem zünftigen Kohlessen. Manch Bremer, der in Hongkong oder andernorts fern der Heimat lebt, lässt sich Kohl, Pinkel, Kohlwürste und alles, was dazugehört, in die Ferne schicken, um sich dort mit Freunden wie zu Hause zu fühlen.

Hanseatische Zurückhaltung

Zugegeben, der alteingesessene Bremer verhält sich anders als der Kölner, Münchner oder der Bewohner irgendeiner anderen Stadt. Man ist dezent, kleidet sich eher nicht extravagant, trägt seine finanzielle Situation nicht mit protzigen Karossen zur Schau. Doch ist man in Bremen wirklich steif, womöglich gar humorlos oder stur – wie gerne kolportiert wird? Nein. Man trägt sein Herz halt nicht unbedingt auf der Zunge, man geht nicht sofort an der Theke oder im gesellschaftlichen Leben zur allgemeinen Verbrüderung über. Hat man indes Bekanntschaft oder gar Freundschaft geschlossen, gibt es kaum etwas Verlässlicheres. Und übrigens: Herrscht eine der fünften Jahreszeiten, sprich Freimarkt oder Sechs-Tage-Rennen, erkennt man manch einen nicht wieder.

Oder geizig? Auch das trifft nicht zu. Wie ein jeder guter Kaufmann hält auch der Bremer sein Geld zusammen, überlegt genau, für welchen Zweck er es ausgibt. Und das sind häufig wohltätige oder dem Gemeinwohl dienende. Bremens Kaufleute pflegen seit langem eine Tradition von Mäzenatentum und Stiftungswesen. Die Bremer Bürger selbst griffen 1843 für den Bau eines Theaters ins Säckel und sechs Jahre später für die Kunsthalle, die Bremer bauten Hospitäler oder Witwenhäuser, riefen und rufen private Stiftungen für künstlerische, Bildungs- oder soziale Belange ins Leben.

Bremens Wahrzeichen

Von einem Wahrzeichen, dem Roland, war bereits die Rede. Es gibt noch drei weitere – zwei alte und ein neues. Da wären natürlich die Bremer Stadtmusikanten (Hahn, Katze, Hund und Esel),

Futuristische Architektur: das Universum® Science Center

deren Märchen selbst in Japan jedes Kind kennt und denen am Rathaus ein Denkmal gesetzt ist, und dann der Bremer Schlüssel. Leicht abgewandelt findet sich das Bremer Wappen in der ganzen Welt verbreitet – auf den Flaschen des wohl bekanntesten Bremer Biers. Und als neues Wahrzeichen? Fragt man die Bremer selbst, wird ein Turm genannt – der Fallturm (s. S. 87). Hoch ragt er auf dem Universitätsgelände mit seiner gläsernen Spitze auf – Symbol des bremischen Bekenntnisses zu Wissenschaft und Forschung, zur Technologie – für den Willen, sein Potenzial als hoch qualifizierter Wissenschafts- und Technologiestandort weiter auszubauen. Er markiert den Wandel der Universität von der ›roten Kaderschmiede‹ hin zu einer der im wissenschaftlich-technologischen Bereich führenden der Republik und den Strukturwandel Bremens, zeigt den Bremern, wo es lang geht: nämlich aufwärts. Auch wenn das die finanzielle Situation der Stadt oft Lügen straft.

Von Autos, Schiffen, Flugzeugen und Raumtransportern

Manches ist unwiederbringlich verloren, vieles aber lebt doch irgendwie weiter: Die Borgwardt Werke sind verschwunden, die Isabella sieht man fast nur noch im Museum, doch werden Autos noch gebaut: In Sebaldsbrück steht das zweitgrößte deutsche Mercedes-Werk – auf dem ehemaligen Borgwardt-Gelände –, wo u. a. SLK und SL den Mythos des Traumwagens wachhalten. Die großen Werften – A.G. Weser und Bremer Vulkan – mussten schließen, doch Spezialwerften in Bremen-Nord und Werften in Bremerhaven leben fort.

Bremenports betreibt die Bremer und Bremerhavener Häfen. In Bremen gehören dazu der Industrie-, der Holz- und der Fabrikenhafen sowie der Neustädter Hafen. Bremerhaven jedoch ist die Hochburg der bremischen Hafenwirtschaft, Zentrum für Container- und Automobilumschlag. Die Stromkaje des Container-Terminals 4 in Bremerhaven wird in den nächsten Jahren von 3,2 km auf nahezu 5 km verlängert (Umschlag 2003: ca. 3,2 Mio. Container) und der Autohafen, zweitgrößter Europas, mit einem Umschlag von 1,3 Mio. Fahrzeugen in 2003 wird ebenfalls weiter modernisiert werden.

Bremen ist auch eine Stadt der Luft- und Raumfahrt. Hier nahm 1924 mit Focke-Wulf (eigentlich bereits 1923 unter dem Namen Bremer Flugzeugbau AG) der deutsche Flugzeugbau seinen Ausgang – und ist hier heute noch mit einem großen Airbus-Werk vertreten, das in der Firmentradition von Focke-Wulf steht. Ähnliches gilt für die Bremer

Raumfahrtindustrie, die mit der ERNO, 1964 von dem Flugzeugbauer VFW-Focker gegründet, ihren Anfang nahm. Aus ERNO wurde schließlich EADS Space Transportation, die heute für die Oberstufen der Ariane und für das europäische Columbus-Modul der ISS, der Internationalen Raumstation, verantwortlich zeichnet. Hinzu kommt mit OHB Technology ein starkes mittelständisches Unternehmen, das im Satelliten- und Telematikbereich Erfolge verbuchen kann. In Bremen funktioniert eine intensive Zusammenarbeit zwischen Industrie, Mittelstand und Forschung, die, gepaart mit den Landesinteressen, daran arbeiten, das High-Tech-Potenzial der Stadt weiter auszubauen.

In Bremen sind die großen Weltkonzerne stark vertreten – und das nicht nur in Luftfahrt-, Raumfahrt- oder Automobilbau. Gerade auch im Nahrungs- und Genussmittelbereich wird hier die große, alte Tradition fortgeführt: Da ist Beck & Co. (bis vor kurzem im Besitz einiger Bremer Familien und heute zu Interbrew gehörend), da sind Kraft Foods mit Kaffee und Schokolade (die Bremer Traditionsfirmen wie Jacobs integriert haben) und der Edelchocolatier Hachez, da sind die Atlanta AG, die die Chiquita-Banane importiert, und Kelloggs's, dessen Cornflakes in Bremen hergestellt werden. Typisch aber für Bremen ist das Engagement des Mittelstands, das kaufmännische Gespür dieser persönlich geführten Unternehmen. Die Bremer Firma Ilsemann zum Beispiel baut die Maschinen dafür, dass in Japan CDs ordnungsgemäß verpackt werden können. Und hochkomplexe, computergesteuerte Wägetechnik von OAS ist weltweit im Einsatz ist – made in Bremen. Ganz zu schweigen von den Handelsunternehmen mit alter Tradition, die bis heute von Baumwolle über Kaffee und Tee bis zu High-Tech ihre überlieferten Kontakte pflegen und weiter ausbauen – nach Süd- und Mittelamerika, nach Afrika, nach Asien. Ein Name mag für alle stehen: die Traditionsfirma Melchers.

Kultur in Bremen

Bremens Kulturleben bewegt sich zwischen zwei Polen – den etablierten Theatern, Orchestern etc. und den Ideen, die aus einer parallelen, nicht zum Establishment gehörenden Szene hervorgehen. So ist die aus dem Kulturzentrum Lagerhaus entstandene Breminale aus dem kulturellen Leben der Stadt nicht mehr fortzudenken.

Weit über die Stadt- oder Bremer Landesgrenzen hinaus hoch angesehen ist das Bremer Theater, das noch heute bereit ist, mutig-unkonventionelle Wege zu beschreiten. Auch wenn Johann Kresniks Inszenierung der »Zehn Gebote« (2003/04) und ihre Darbietung in einer Kirche zugegebenermaßen nicht auf einhellige Zustimmung gestoßen sind. Private, kleine Theater wie die Bremer Shakespeare Company, ganz ihrem Namen verpflichtet, oder das Junge Theater bereichern die Theaterszene um unkonventionelle, anspruchsvolle Stücke.

Ein Highlight in der Bremer Musiklandschaft bildet die Deutsche Kammerphilharmonie Bremen, ein junges, engagiertes, in Eigenverwaltung organisiertes Orchester – dessen ›Sommer in Lesmona‹ inzwischen unverbrüchlich zur Bremer Kulturlandschaft gehört (s. S. 70).

Bremen besitzt hervorragende Museen, stellvertretend sei hier die Kunsthalle genannt, der es neben oder besser dank ihrer Sammlung gelingt, nicht nur exzellente Bestandsausstellungen zu zeigen, sondern auch außerordentliche – und erfolgreiche – Sonderausstellungen wie den Blauen Reiter, die Van-Gogh-Ausstellung oder 2005 die Monet-Ausstellung zu konzipieren.

Und auch die Medienlandschaft bewegt sich. Trotz bzw. wegen der Einsparungen und des Strukturwandels im öffentlich-rechtlichen Radio und Fernsehen will sich Radio Bremen neu positionieren, plant ein Medienzentrum im Faulenquartier (nomen ist hier nicht gleich omen), fasst Synergien mit Firmen der Medienbranche oder evtl. Medienkunst ins Auge. Bremen insgesamt sieht Chancen, durch Clusterbildung Nischen im Bereich der digitalen Medien, der Informationstechnologie erfolgreich zu besetzen.

Bremen weiß: Es ist gut, die alten Traditionen zu pflegen, aber man muss neue Wege beschreiten, um im Zeitalter der Globalisierung Schritt halten zu können. Und ist nicht eine Stadt, die an den Austausch mit fernen Ländern und Kulturen gewöhnt ist, dazu prädestiniert? Das gilt für Wirtschaft wie Wissenschaft, aber eben auch für die Kultur – ein Grund für Bremen, sich als Kulturhauptstadt Europas 2010 zu bewerben.

Bremens Wasser, Bremens Grün

Erst in den letzten Jahren hat Bremen sich als Stadt am Fluss wieder entdeckt. Die Speicher- und Kontorhäuser entlang der Schlachte wurden saniert, restauriert, neu aufgebaut, bergen heute Büros – und Lokale. Und die Bremer gehen hin: Insbesondere im Sommer zieht es sie mit Kind und Kegel nach draußen: auf die Außenplätze oder an die Biertische an der Schlachte, auf den von Cafés, Bistros und Restaurants bestuhlten Marktplatz, in den Bürgerpark und in den Stadtwald – und ganz hinaus ins Grüne: per Rad, auf Skates oder zu Fuß ins Blockland, an den Wümmedeich, auf die Weserinsel. Jeder Gastwirt, der auch nur irgendwie die Möglichkeit hat, stellt Tische und Stühle nach draußen – auf dass die Bremer und ihre Gäste die Sonne im angeblich so kühlen Norden genießen können.

Bremen in Zahlen

Größe: 32 665 ha; davon landwirtschaftlich genutzt 10 530 ha, Erholungsfläche 2600 ha, Wasserfläche 2420 ha
Bevölkerung: 545 000 Einwohner
Lage: Bremen zieht sich links und rechts entlang der Weser. Die Weser durchfließt die Hansestadt auf einer Strecke von 41,7 km.
Verwaltungsstruktur: Die Hansestadt Bremen gliedert sich in fünf Stadtbezirke und diese in 23 Stadtteile. Bremens Parlament, die Bremische Bürgerschaft, nimmt sowohl die Funktion eines städtischen als auch eines Landesparlaments wahr. Ranghöchster politischer Beamter ist der Präsident der Bürgerschaft, an der Spitze der Regierung steht der Präsident des Senats, der zugleich Bürgermeister ist. In Bremen regiert eine Große Koalition aus SPD, die den Präsidenten des Senats stellt, und CDU.
Wirtschaft: Der Exportanteil des Wirtschaftsvolumens Bremens liegt bei über 50 %. Neben den traditionellen Handels- und Wirtschaftszweigen wie Kaffee, Tee, Baumwolle, der Werft- und Hafenwirtschaft entwickelt sich Bremen zu einem High-Tech-Standort.

Geschichte

Beim Schaffermahl in der Oberen Rathaushalle, Tradition seit 1545

782	Erste urkundliche Erwähnung Bremens als Bremon.
787	Bremen wird Bischofssitz mit Willehad als erstem Bischof.
845	Erzbischof Ansgar übersiedelt nach Bremen.
965–1035	Markt-, Zoll-, Münzrecht und Gerichtsbann für Bremen. Seit 1035 darf die Stadt zwei Jahrmärkte veranstalten: Der Herbstmarkt lebt heute als Bremer Freimarkt fort.
1041	Beginn des Domneubaus.
1106	Beginn der Entwässerung und Eindeichung der Niederungen östlich der Altstadt durch die Holländer (Hollerland).
1234	Erwähnung der ersten Brücke über die Weser.
1358	Bremen wird Mitglied des Städtebundes der Hanse.
um 1400	Die Bremer Bürger stellen 1404 den steinernen Roland als Symbol der Stadtfreiheit auf, Baubeginn am gotischen Rathaus (1405), der Erzbischof siedelt nach Bremervörde über.
16. Jh.	1522 beginnt in Bremen die Reformation. 1580 wird die Schlachte als neuer Hafen angelegt.
17. Jh.	Zeit wirtschaftlicher Blüte: Prächtige Renaissancebauten (Rathaus) entstehen, 1619 erster künstlicher Seehafen Deutschlands in Vegesack. 1646 unmittelbare freie Reichsstadt Bremen.
1776	Bremen beginnt den direkten Seehandel mit Nordamerika.
1802/03–06	Die Festungsanlagen werden geschleift und die Wallanlagen geschaffen. 1806 wird Bremen souveräner Freistaat.

1810–13	Bremen ist Teil des französischen Kaiserreichs.
1827	Bremen erwirbt Land an der Geestemündung: Gründung Bremerhavens und Bau eines Überseehafens. Bremen wird zu einem bedeutenden Importhafen für Baumwolle, Tabak und Reis – und zum bedeutenden europäischen Auswandererhafen.
1871	Die Freie Hansestadt wird Bundesstaat des Deutschen Reichs.
1880–90	Beginn des Hafenausbaus im Nordwesten der Stadt und Weserkorrektion (Flussvertiefung und -regulierung), der Freihafen geht in Betrieb, Bremen tritt dem Zollverein bei.
1926	Eröffnung der Böttcherstraße
1934	Die Nationalsozialisten lösen die Bürgerschaft auf.
1939–45	Die Handelsflotte ist verloren, ca. 62 % der Stadt sind zerstört.
1947	Bremen wird mit Bremerhaven als Freie Hansestadt Bremen Bundesland der Bundesrepublik Deutschland.
1983	Die Bremer Werft A.G. Weser (gegründet 1872) wird geschlossen, 1996 folgt der Bremer Vulkan.
ab 1982	Die Universität Bremen (gegründet 1971) eröffnet neue Fachbereiche, weg von der ›roten Kaderschmiede‹ hin zur Spitzenuniversität.
1990	Der Fallturm, heute Wahrzeichen der Universität, des Technologieparks und des Fortschrittwillens der Stadt, geht in Betrieb.
2000	Eröffnung des Universum® Science Center und Einweihung der Uferpromenade Schlachte.
2001	Eröffnung der privaten International University Bremen (IUB)
2003	Fortsetzung der großen Koalition mit Dr. Henning Scherf (SPD) als Präsidenten des Senats und Hartmut Perschau (CDU) als zweitem Bürgermeister (seit Herbst 2004 Peter Gloystein).
2003/04	Eröffnung des Space Centers als Indoor-Erlebnispark.
2004	Bremen/Bremerhaven werden City of Science 2005, Rathaus und Roland Weltkulturerbe. Bewerbung zur Kulturhauptstadt Europas 2010.

Gut zu wissen

Graffitti am Kulturzentrum Bürgerhaus Weserterrassen

Bürgersinn & Hanseatentum

Dezentes Mäzenatentum spielt in Bremen bis heute eine große Rolle. Wer ein richtiger Bremer ist und über das nötige Kleingeld verfügt, unterstützt Objekte und Projekte für das Allgemeinwohl – ob Kunsthalle, Bürgerpark oder Wilhelm-Kaisen-Bürgerhilfe – oder er gründet gleich eine eigene Stiftung. Obwohl Stadt und Land Bremen nicht gerade üppig mit Finanzmitteln gesegnet sind, hat Bremen doch eine der höchsten Millionärsdichten der Republik – nur gezeigt wird es wenig, gesprochen wird darüber nie. Das ist wahres Hanseatentum.

Bremer Haus

Mitte des 19. Jh. entstand in Bremen eine besondere Form des Einfamilienreihenhauses, das Bremer Haus. Ein kleiner Vorgarten trennt den Eingang von der Straße. Meist relativ schmale, mehrgeschossige Bauten bestehend aus dem Souterrain mit Küche und Vorratskeller, dem Hochparterre mit drei Zimmern, von denen zwei durch Schiebetüren verbunden sind, sodass man einen großen Raum von der Straßen- bis zur Gartenseite erhält – im ersten Stock waren die Schlafzimmer und im Dachgeschoss weitere Zimmer. Der Haupteingang liegt üblicherweise im Hochparterre, dem häufig noch ein Wintergarten mit großen, in Eisen gefassten Glasflächen vorsitzt. Das Souterrain ragt als volles Sockelgeschoss nach hinten in den Garten. Die Bremer Häuser gibt es in einfacheren Varianten, sogar ohne Souterrain und ersten Stock, aber auch als überaus großzügige, häufig mit Stuckaturen geschmückte Bürgerhäuser.

Bürgerweide

Heute bezeichnet der Name Bürgerweide (F 4) nur noch das Areal zwischen Hbf und Stadthalle/Messe/Schlachthof, das zumeist als Parkplatz dient – es sei denn, es ist Freimarkt (s. S. 71). Der Sage nach baten Bürger die Gräfin Emma von Lesum 1032 um Weideland. Sie gewährte ihnen so viel Areal, wie ein Mann binnen einer Stunde umschreiten könne. Ihr geiziger Schwager aber wählte einen Krüppel als Bürgervertreter aus. Doch trotz dieser Tücke: er umkroch ein Areal, das die heutige Bürgerweide und den heutigen Bürgerpark (s. S. 101) umfasste. An den Krüppel soll die kleine Figur zu Füßen des Roland erinnern.

Eiswette

Die Eiswette geht auf das Jahr 1829 zurück. Damals wettete ein Kreis Bremer Kaufleute darum, ob die Weser zu einem bestimmten Termin offen, d. h. befahrbar sein oder ob eine Eisdecke die Schiffe an der Fahrt hindern würde. Heute findet die Eiswette am Tag der Heiligen Drei Könige (6. Jan.) statt, am darauf folgenden Samstag muss die Verliererpartei das große Festessen ausrichten. Am Tag der Wette versammelt sich am Osterdeich Höhe Sielwall ein würdevolles Aufgebot der Kaufmannschaft sowie die Heiligen Drei Könige, die dem Unterfangen quasi als Gäste und Zeugen beiwohnen. Die Wette: Ein 99 Pfund schwerer Schneider mit heißem Bügeleisen muss die Weser überqueren ohne einzusinken. Einst standen die Chancen etwa 50:50, heute verliert im Allgemeinen die (per Los bestimmte) Partei, die auf »Weser steiht« gesetzt hat. Das Festessen, mit etwa 600 Personen versammelt um runde Tische, hat als Hauptgang natürlich Kohl und Pinkel (s. S. 36).

Fegen der Domtreppen

Wundern Sie sich nicht, wenn ein junger Mann, schick ausstaffiert im Beisein von Freunden, Zuschauern, vielleicht unter Drehorgelmusik, die Domtreppen fegt – oder eine junge Frau die Klinken putzt. Wird ein Junggeselle/eine Junggesellin 30, kann es ihm/ihr in Bremen passieren, dass dies in der Tageszeitung angekündigt wird – verbunden mit dem Hinweis auf den Termin des Treppenfegens bzw. Klinkenputzens. Er kann nur von einem Mädchen, das ihn küsst erlöst werden, sie umgekehrt nur von einem Mann. Vorher wird allerdings erst noch der Kasten Bier ausgetrunken.

Gästerede

Wer in einer Bremer Bürgerfamilie zu einem offizielleren Abendessen eingeladen ist, sollte wissen: Vom Tischherrn der Dame des Hauses, also von demjenigen, der links der Hausherrin sitzt, wird nach dem Essen (bzw. nach dem Hauptgang) eine kleine Dankesrede erwartet.

Erlebniscard und Entdeckercard

Die Bremer Touristikzentrale bietet eine **Erlebniscard** für Bremen an. Mit ihr sind die Straßenbahn- und Busfahrten in Bremen bezahlt, Museen, Theaterbesuche und Stadtführungen sind teils günstiger. Ein-Tages-Karte 6 €, Zwei-Tage-Karte 8,50 €. Erhältlich bei den Touristeninformationen der BTZ (s. S. 18).

Die **EntdeckerCARD Nordwest** ermöglicht die kostenlose Fahrt mit Bahn und Bus in Bremen sowie die Fahrt mit Regionalzügen bzw. Bussen ins erweiterte Umland (Bremerhaven, Worpswede, Verden, Oldenburg, sogar bis Emden, nach Helgoland oder Osnabrück etc.). Im Preis inbegriffen ist auch der Besuch zahlreicher Sehenswürdigkeiten in den jeweiligen Orten oder eine Tagesfahrt nach Helgoland, eine Hafenrundfahrt in Bremerhaven oder/und Bremen, eine Torfkahnfahrt etc. Achtung: Der Zoo am Meer in Bremerhaven ist nicht inklusive. Die Karte ist drei Tage gültig und kostet für Erwachsene 39 €, für Kinder (6–15 Jahre) 24 €. Falls man über keine EC-Karte mit Geldchip verfügt, werden 4 € zusätzlich fällig. Erhältlich bei der BTZ und zahlreichen Sehenswürdigkeiten. Infos auch unter Tel. 01805/10 10 30 oder www.entdeckercard.de

Heißes Pflaster

Auch wenn das Ostertor inzwischen das Ausgeh- und Szeneviertel ist: Die Sielwallkreuzung ist noch immer der Hotspot, wo sich Dealer, Junkies etc. gern herumtreiben. Nicht vergessen – und nicht ganz vorbei – sind auch die Demos, die oft Krawall im Bereich dieser Kreuzung zum Schlusspunkt hatten. Dennoch kann man sich hier normalerweise auch abends ohne große Probleme bewegen. Man muss ja nicht in die hinterletzte kleine dunkle Gasse abdriften.

Kaufmannstradition

Bremen hält seine alten Kaufmannstraditionen hoch. Dementsprechend finden alljährlich große Galadinner etwa des Ostasiatischen Vereins, des Clubs zu Bremen, das Rolandessen des Industrieclubs etc. statt.

Kippen und Hundekot

Bremen will noch sauberer werden. Seit 2004 patrouillieren Kontrolleure in der Stadt: Wer dabei erwischt wird, eine Zigarettenkippe auf die Straße zu werfen oder seinen Hund sein Häufchen verrichten zu lassen, ohne es zu entsorgen, wird zur Kasse gebeten.

Klima und Reisezeit

Bremen hat das typische norddeutsche Wetter. Das bedeutet im Winter eher Regen als Schnee – obwohl es auch hier im Dezember, Januar oder Februar, selten noch im März oder April, schneien kann – und nicht immer wenig. In den Wintermonaten sinken die Temperaturen zeitweilig deutlich unter den Gefrierpunkt ab. Im Sommer Juli/August reicht die Palette von Regenwetter bei 17–22 °C bis zu wirklich sommerlichen Werten von 25 bis über 30 °C. Auch Anfang Mai oder im September/Oktober kann man Glück und schönes Wetter bei angenehmen Temperaturen haben. Typisch für die Region sind kräftigere Winde, sodass neben Regenzeug stets auch winddichte Jacken anzuraten sind. Grundsätzlich aber ist Bremen zu jeder Jahreszeit gut zu besuchen. Bei schönem Wetter locken die Biergärten und Lokale an der Schlachte, ist es trüb, die Museen und die kleinen Läden und Lokale im Schnoorviertel.

Kohlfahrt

Wer im Winter Bremen besucht, sollte sich nicht wundern, wenn er dick gegen die Kälte vermummte, fröhliche Menschengruppen sieht, die, um einen voll geladenen Bollerwagen geschart, eine kleine Wanderung unternehmen. Und wenn diese dann stehen bleiben und ein jeder einen um den Hals hängenden Schnapsbecher zückt, ist dies nicht weiter bedenklich: Man ist auf Kohlfahrt. Nach einem kürzeren oder längeren Gang – mit Schnaps zum Aufwärmen –, geht es im Anschluss in ein Privathaus oder ein Restaurant, wo dann Kohl und Pinkel gespeist wird.

Parken in Bremen

Die öffentlichen Bremer Parkhäuser haben in den meisten Fällen nicht 24 Stunden geöffnet. Nicht nur deshalb sollte, wer abends länger unterwegs sein möchte, besser auf das Auto verzichten – denn freie Parkplätze am Straßenrand sind Mangelware (Parkscheine, Anwohnerparkplätze). Eine Ausweichmöglichkeit beim Besuch der Schlachte bietet – falls etwas frei ist – das (teure) öffentliche Parkhaus unter dem Hilton in der Wachtstraße. Kleiner Trost: Neben Taxis gibt es auf bestimmten Strecken Nachtlinien der BSAG (s. S. 20).

Orden und Auszeichnungen

Was ein echter Bremer Hanseat ist, so nimmt er keinerlei Orden an. Auch Bremen selbst verleiht dergleichen nicht. Statt dessen gibt es edle Tropfen aus der Schatzkammer des Ratskellers für hochrangige Gäste und für außerordentlich verdiente Bürger vielleicht die Ehrenbürgerschaft.

Schaffermahl

Das Schaffermahl, in Bremen seit 1545 ausgerichtet, war ursprünglich das Abschiedsmahl, das Kaufleute und Reeder alljährlich am Ende des Winters ihren Kapitänen gaben, die zu großer Fahrt aufbrachen. Ausrichter ist das Haus Seefahrt, dessen Kasse die Elterleute der Kaufleute und Schiffer, die Schaffer, verwalten. Das Mahl findet am zweiten Freitag im Februar statt. Heute nehmen Kapitäne, Reeder, Kaufleute – die alle dem Kreis der Schaffer angehören – und ihre Ehrengäste teil. Kein Ehrengast wird zweimal geladen (Ausnahmen bei Funktionswechsel bestätigen die Regel). Die Veranstaltung findet in der prächtigen oberen Rathaushalle statt, Damen sind nicht zugelassen (aber: 2003 nahm erstmals eine Kapitänin am Essen teil!). Die Damen der Schaffer speisen zur selben Zeit im Parkhotel, wo man sich anschließend zum Tanz trifft.

Vor dem eigentlichen Essen der Schaffer wird ein speziell gebrautes dunkles, kräftiges Seefahrtsbier aus Humpen getrunken, zum Essen selbst dann aber ausgesuchter Wein. Das deftige Essen hat Tradition, die Speisenfolge ist festgelegt: Bremer Hühnersuppe, Stockfisch, Kohl und Pinkel mit Maronen, Kalbsbraten mit gedämpften Äpfeln, Katharinenpflaumen und Selleriesalat, Rigaer Butt, Zunge, Wurst, Käse und Sardellen, Fruchtkorb, Kaffee. Reden und Trinksprüche finden zwischen den Gängen statt.

Typische ›Bremer‹ Häuser beim Bürgerpark

Auskunft

Deutsche Fremdenverkehrszentrale in Österreich
Deutsche Zentrale für Tourismus
Schubertring 12, A-1010 Wien
Tel. 01/513 27 92
Fax 01/513 27 92 92
deutschland-reisen@d-z-t.com
www.germany-tourism.de

Deutsche Fremdenverkehrszentrale in der Schweiz
Offizielles Deutsches Verkehrsbüro
Talstr. 62, CH-8001 Zürich
Tel. 01 123 22 00
Fax 01 212 01 75
gntozrh@d-z-t.com

Bremer Touristik-Zentrale
Findorffstr. 105
28215 Bremen
Hotline: 01805-10 10 30
www.bremen-tourism.de

Tourist-Informationen
… im Hauptbahnhof (F 4/5)
Mo–Fr 8–20, Sa/So 9.30–18 Uhr

… an der Obernstraße/Ecke Unser Lieben Frauen Kirchhof (E 5)
Mo–Mi 9.30–18.30, Do/Fr 9.30–20, Sa/So 9.30–16 Uhr

Veranstaltungshinweise finden sich in den Bremer Tageszeitungen (z. B. dem ›Weserkurier‹) täglich, als Wochenübersicht in der Mittwochsbeilage ›Die Woche‹. Darüber hinaus gibt es diverse **Stadtmagazine** wie ›Bremer‹, ›Prinz‹. In Hotels etc. liegt häufig die ›Bremer Umschau‹ aus. Darüber hinaus natürlich auch im Internet, s. S. 5.

Anreise

Mit dem Flugzeug
Der Flughafen Bremen liegt am südöstlichen Stadtrand in Bremen-Arsten, Tel. 559 50 (Flughafenauskunft), Informationen zu Flugverbindungen erhält man bei den Airlines oder in Reisebüros.

Im Flughafen, Terminal 3 (Abflug), erste Etage, befindet sich eine Filiale der **Sparkasse Bremen** (ohne Kassenverkehr), Geldautomat (nur Euro).

Die **Straßenbahnlinie 6** verbindet den Flughafen via Innenstadt mit der Universität. Die erste Bahn ab Flughafen geht um 4.54 Uhr, die letzte um 22.44 Uhr. Der Fahrpreis für ein Einzelticket/Erwachsener beträgt 2 €. Die Bahn benötigt 17 Min. bis zum Hauptbahnhof.

Eine Fahrt mit dem **Taxi** in die Innenstadt dauert ca. 10 Min. und kostet ca. 10 €.

Mit dem Zug
Der Hauptbahnhof Bremen ist nur 10 Min. zu Fuß von der Stadtmitte (Südausgang) entfernt. Vom Nordausgang erreicht man in 2 Min. das Congresscentrum Bremen, Messe und Stadthalle. Bremen ist via Hannover oder Hamburg an das ICE-Netz angeschlossen.
Zugauskunft (Fahrplan, Tarif, Buchungen, Reservierungen), Tel. 118 61, 0800/150 70 90 (gebührenfreie Fahrplanauskunft), www.bahn.de

Mit dem Bus
Der Zentrale Omnibusbahnhof befindet sich in Hauptbahnhofnähe: ZOB am Hauptbahnhof (CinemaxX)
Berlin Linienbus unterhält tgl. Verbindungen von und nach Berlin, Magdeburg, Bergen. Fernverbindungen von

europäischen Städte unterhält die Deutsche Touring/Euroline. Karten im Büro der Touring/Euroline bzw. im Reisezentrum, beide im Hauptbahnhof.

Berlin Linienbus
Tel. 030/861 93 31
www.berlinlinienbus.de

Deutsche Touring/Euroline
Tel. 157 00
Zentrale: Tel. 069/790 31 10
www.grajan.de (Bremen)
www.touring.de, www.euroline.de

Mit dem Auto

Bremen ist über die A1 von Hamburg bzw. von Köln kommend zu erreichen, die A27 führt Richtung Bremerhaven bzw. Richtung Hannover und A7, die A28 kommt aus Richtung Niederlande-Emden-Oldenburg. In Bremen sind die öffentlichen Parkhäuser meist nicht rund um die Uhr geöffnet (s. S. 16).

Mitfahrzentralen

ADM-Büro (Mitfahrzentrale, F 6)
Körnerwall 1
Tel. 194 40, 720 11
www.citytocity.de
Mo–Fr 10–18, Sa 10–13 Uhr

Citynetz
Tel. 194 44
Mo–Fr 9–20, Sa/So/feiertags 9–19 Uhr
Ohne Bremer Büro (doch Bremer Rufnummer), wird über Telefon und Kontoverbindung zuverlässig abgewickelt.

Sicherheit

Bremen ist im Grunde eine sichere Stadt. Vor Kleinkriminellen wie Taschendieben ist man natürlich weder am Hauptbahnhof noch in der Innenstadt oder im Ostertor-Steintorviertel sicher. Entsprechendes gilt natürlich für den Freimarkt oder den Weihnachtsmarkt und ähnliche große Veranstaltungen. Im Dunkeln sollte man wie eigentlich überall lange Wege durch die Parks, insbesondere durch Bürgerpark oder die Wallanlagen, vermeiden.

Notfall

Polizei: Tel. 110
Notarzt, Feuerwehr: Tel. 112
Krankenwagen: 303 02
Ärztlicher Notdienst:
Bremen-Stadt Tel. 192 92
Bremen-Nord Tel. 609 80 63
Kinderärztlicher Notdienst: Tel. 340 44 44
Zahnärztlicher Notdienst: 122 33
Pannenhilfe:
ADAC Tel. 01802/22 22 22
ACE Tel. 01802/34 35 36

Fundbüro

Fundamt Bremen (K 6)
Stresemannstr. 48 (Eingang Steubenstr.)
Haltestelle: Steubenstraße
Tel. 36 11 00 80, 36 11 00 81
Mo 8–12, 15–18, Di, Do, Fr 8–12 Uhr, Mi, Wochenende und an Versteigerungstagen geschlossen

Fundbüro der BSAG (außerh. A 1)
Gröpelinger Heerstr. 302
Mo–Fr 14–18 Uhr
Haltestelle: Gröpelingen (Endhaltestelle Linien 2, 3, 10)

Fundbüro der DB (F 4)
Bahnhofsplatz 15, im Hauptbahnhof
Tel. 221-47 96
Mo–Do 8–12, 13–16, Fr 8–12, 13–15 Uhr

Telefonieren

Ortsnetzvorwahl Bremen: 0421
Landesvorwahl D 0049, A 0043, CH 0041

Öffnungszeiten

Ein heikles Thema in Bremen. Selbst in der Innenstadt schließen einige **Läden** bereits um 19 Uhr, geöffnet wird Mo–Fr/Sa zwischen 9 und 10.30 Uhr.
Museen sind Mo geschlossen, Di–So 10–17/18 Uhr (Kunsthalle Di bis 21 Uhr) geöffnet.
Banken: Die Hauptniederlassungen der Banken (zumeist am Domshof, aber auch Am Brill und an der Domsheide gelegen) haben mittags geöffnet. Kernzeiten sind hier 9.30–16.30 Uhr (teils ab 9 und bis 18 Uhr). Bankfilialen öffnen 9/9.30 Uhr, haben im Allgemeinen aber mittags 13–14/14.30 Uhr geschlossen. Nachmittags wird um 16.30 Uhr geschlossen, Do und teils auch Di um 18 Uhr. Geldautomaten sind jedoch zugänglich.
Die **ReiseBank** im Hauptbahnhof hat tgl. 8–20 Uhr geöffnet (auch Sortentausch).
Postämter: Die Öffnungszeiten der Filialen variieren, teils sind sie mittags geschlossen.
Tel. Kundenservice: 5375-666
Hauptpostamt
Domsheide 15
Mo–Fr 7–19, Sa 9–13 Uhr
Post am Hauptbahnhof
Bahnhofsplatz 15
Mo–Fr 9–19, Sa 9–13 Uhr
Post in Bremen-Vegesack
Gerhard-Rohlfs-Str. 17–18
Mo–Fr 9–18, Sa 9.30–13 Uhr

Behinderte

Die wichtigsten **Sehenswürdigkeiten** und **Museen** sind für Rollstuhlfahrer zugänglich. Häufig handelt es sich um einen Seiteneingang, an dem auch Hilfe herbeigerufen werden kann. Allerdings sind z. B. Roselius-Haus und Paula-Modersohn-Becker-Haus problematisch, da wegen des Denkmalschutzes kein Aufzug eingebaut werden durfte.

Auf den Strecken der BSAG fahren herkömmliche und Niederflur-Fahrzeuge im Wechsel. Flughafen und Hauptbahnhof sind behindertengerecht gestaltet und mit Aufzügen versehen.

Wer alleine mit dem Rollstuhl das **Stadtzentrum** erkunden will: Es ist partiell anstrengend aufgrund des Kopfsteinpflasters im Schnoor, doch der Weg ist befahrbar: Vom Marktplatz (mit Roland, Stadtmusikanten, Rathaus etc.) via Domsheide, Dechanatstraße, Am Landherrnamt in den Schnoor, via Marterburg zur Straße Tiefer, von dort die Balgebrückstraße querend in die Böttcherstraße). Die BTZ hat auf ihrer Website eine Bewertung der **Hotels** in Bezug auf Ihre Zugänglichkeit für Behinderte veröffentlicht (Stichwort: Barrierefreie Hotels, unter www.bremen-tourism.de).

Unterwegs in Bremen

Bus und Straßenbahn

Die BSAG (Bremer Straßenbahn AG) ist für das innerstädtische Bus- und Straßenbahnnetz zuständig, welches das gesamte Stadtgebiet erschließt und im Verkehrsverbund VBN auch das Umland. Auf bestimmten Strecken verkehren Nachtbusse.

Ticketverkauf:
Einzeltickets können in der Bahn beim Schaffner erworben werden. An den Ticketterminals (TOUCHmobil) kann man Fahrkarten mit der Geldkarte kaufen (10% Rabatt). Alle Fahrkarten sind bei den Verkaufsstellen der BSAG (Hauptsitz: Domsheide) erhältlich.
Ticketpreise für Erwachsene:
Kurzstrecke-Einzel-Ticket 0,80 €
Kurzstrecke-Vierer-Ticket 2,60 €
Einzel-Ticket Stufe I/Stufe II (Vegesack)/ Stufe S (ins Umland) 2/2,45/ 2,25 €
Viererticket: 6,20/9,60/7,20 €
Tagesticket 4,80/5,80/5,25 €
7-Tage-Ticket 13,70/19,60/14,50 €
Tickets für Kinder, Schüler, Studenten, Auszubildende
Einzelticket 1/1,20/1,15 €
Schüler-7-Tageticket 9/13,90/9,70 €
Zehner-Ticket 9 €
Teilweise können Fahrräder mitgenommen werden (Nahbereich/Gesamtnetz VBN 1,20/2,40 €; Viererticket Gesamtnetz 8 €).

Linienschifffahrt
Hal Över Schreiber Reederei

Schlachte 2
Tel. 33 89 89
Fax 33 89 881
www.hal-oever.de
info@hal-oever.de
Die Reederei Hal Över-Schreiber unterhält vom 1. Mai bis 30. Sept. die Linie Bremen-Martinianleger (Karten vor Ort) via Space Park, Vegesack, Farge, Brake, Nordenham nach Bremerhaven Seebäderkaje. Ab Bremen geht es zwischen 8.30 und 12/13 Uhr, zurück um 15.15 Uhr. Preise bis Bremerhaven 13 € (hin und rück 21 €), bis Vegesack 6 € (hin und rück 10 €), Kinder zahlen die Hälfte. Fahrradmitnahme ist möglich.

Die kleine **Sielwallfähre** verkehrt ganzjährig (im Winter nur wochenends) zwischen Sielwall/Tiefer und Weserinsel/Café Sand. Erwachsene 1 €, mit Rad 1,20 €, Kinder die Hälfte.

Taxis

In der Innenstadt gibt es diverse Taxistandplätze (z. B. Hauptbahnhof, Hillmannplatz, Herdentor, Wachtstraße im Bereich Markt/Balgebrückstraße, Am Brill/ Schlachte, Fangturm/Faulenstraße, Knochenhauerstraße, Am Dobben, Fehrfeld etc.). Ansonsten hier einige Rufnummern (Aufpreis 1 €):
Taxi-Ruf Bremen (Hansa-Taxi)
Tel. 140 14
Taxi-Roland: Tel. 144 31
Autoruf Bremen-Nord: Tel. 65 00 05

Mietwagen

AVIS
Flughafen, Flughafenallee 22, Tel. 55 80 55; Kirchbachstr. 200, Tel. 20 10 60
Budget
Flughafen, Flughafenallee 24–26 (Hotel Atlantic), Tel. 597 00 17
Europcar
Flughafen, Pavillon am Parkhaus
Tel. 55 74 40;
Breitenweg 32/Ecke Bürgermeister-Smidt-Str., Tel. 17 35 10
Hertz
Flughafen, Flughafenallee 22,
Tel. 55 53 59
Sixt
Duckwitzstr. 60, Tel. 51 14 39
Weitere Anbieter im gesamten Stadtgebiet.

Fahrradverleih

Radstation am Bremer Hauptbahnhof
Bahnhofsplatz 14a, Tel. 178 33 61

Mo–Fr 6–22, Sa/So 9–20 Uhr
Haltestelle: Hauptbahnhof
Das moderne Fahrradparkhaus auf der Bahnhofsseite gegenüber dem Überseemuseum bietet gesicherte Stellplätze für 1560 Räder. Fahrradverleih (ab 9 €/24 Std., 100 € Kaution), Reparaturen, ADFC im Haus.

Inline-Skating, Boarden

s. S. 79

Stadtrundfahrten

Busrundfahrten

Die Bremer Touristik-Zentrale bietet in Zusammenarbeit mit der BSAG Stadtrundfahrten in Bremen an: tgl. außer Mo 10.30 Uhr ab ZOB Hbf, Bussteig M (Linienbus), Dauer ca. 2 Std., Erwachsene 6,50 € (Kinder bis 12 Jahre in Begleitung Erwachsener frei).

Happy Rikscha Tours
Bahnhofsplatz Westseite
Tel. 301 56 09
www.happy-rikscha-bremen.de
April–Okt. tgl. 10–19 Uhr
Haltestelle: Hauptbahnhof
Mit modernen Rikschas kann man z. B. eine Tour durch den Bürgerpark oder eine romantische Abendfahrt machen.

Rundfahrten zu Wasser

… in Bremen

Hal Över Schreiber Reederei (s. S. 21) bietet ganzjährig **Hafenrundfahrten** an. Dez.–Febr. nur Sa/So 13.30, 15.15 Uhr, März–Okt. häufiger, in der Hauptsaison 5x tgl. zwischen 10.15 und 16.45 Uhr. Erwachsene zahlen 8,50 €, Kinder 1–14 Jahre 4,50 €.

Darüber hinaus werden **Sonderfahrten** z. B. auch in die Lesum angeboten. Nähere Informationen zu Terminen und Preisen erhalten Sie bei
Hal Över Schreiber Reederei
Tel. 33 89 89
Fax 33 89 881
www.hal-oever.de
info@hal-oever.de

… in Bremerhaven

Harufa
H.-H. Meier-Str. 4
Tel. 0471/41 58 50
Fax 0471/419 29 22
www.hafenrundfahrt-bremerhaven.de
kontor@hafenrundfahrt-bremerhaven.de
In Bremerhaven werden Hafen- und Weserrundfahrten angeboten. Die **Hafenrundfahrt** durch die Überseehäfen erfolgt mit Barkassen: 19.3.–31.10. 5x tgl. alle 90 Min. 10.30–16.30 Uhr, Nov./Dez. nur Sa/So 12 Uhr. Preise: Erwachsene 7,75 €, Kinder 3,65 € (4–13 Jahre), ermäßigt 7,60 €. Abfahrt: Neuer Hafen, Südkaje ›Hafeninsel‹, Nähe Zoo am Meer.

Die **Weserrundfahrt** wird an Ostern (Karfreitag–Ostermontag) sowie 1.5.–30.9. Sa/So 11, 13, 15 Uhr durchgeführt. Diese Fahrt geht entlang der längsten zur Seeseite offenen Pieranlage der Welt. Erwachsene 10, Kinder 4–13 Jahre 5,50 €, ermäßigt 9,75 €. Abfahrt Seebäderkaje. Die angegebenen Termine gelten für 2005.

Torfkahnfahrten BBV Sailing

Tel. 50 50 37
Fax 59 14 00
E-Mail: info@bbv-sailing.de
www.bbv-sailing.de
BBV Sailing bietet von Anfang Mai bis Ende Okt. Torfkahnfahrten an. Regelmäßig gibt es eine ›Linienfahrt‹ ab Torfhafen Findorff zum Universum® Scien-

ce Center, wer will, fährt weiter nach Kuhsiel und von dort via Universum® zurück nach Findorff (ab Torfhafen 11 Uhr, an Universum® 12 Uhr, 4 €, Rückfahrt 16 Uhr, 4 €, Weiterfahrt nach Kuhsiel 12 Uhr, Ankunft 13, Rückfahrt 15 Uhr, an Torfhafen 17 Uhr, Universum®–Kuhsiel einfache Strecke ebenfalls 4 €). Kinder bis 6 Jahre frei, 6–12 Jahre die Hälfte.

Darüber hinaus werden regelmäßig Fahrten ab Torfhafen nach Dammsiel angeboten – entweder über das Gröpelinger Fleet oder als Große Blocklandrundfahrt mit zwei Schleusungen in Kuhsiel und Dammsiel (So Abfahrt 10, Rückkehr 18 Uhr; 15 € bzw. 17 €). Weitere Fahrten erfragen Sie bitte telefonisch oder schauen ins Internet.

Für Inhaber der **Entdeckercard** (s. S. 15) sind die Linienfahrten inbegriffen.

Stadtführungen

Art.tours-Bremen

Hamburger Str. 8
Tel. 79 01 19 05
Fax 79 01 19 06
info@arttours-bremen.de
www.arttours-bremen.de
Rundgänge 1,5–2 Std., Erwachsene 5 €, Kinder bis 7 Jahre frei

Von der Innenstadtführung bis zu thematischen Führungen oder einem Nachtspaziergang bietet Arthur Zapf vielfältige und interessante Spaziergänge durch die Stadt Bremen an. Sie zeigen die Stadt mit ihren verschiedenen Aspekten und Geschichten. Im Internet finden sich unter der Rubrik ›Offene Führungen‹ die jeweils aktuellen Termine. 19.3. bis Ende Okt. 2005 Innenstadtführung ›Bremen‹ tgl. 14 Uhr ab Roland.

BTZ (Bremer Touristik-Zentrale)

Hotline: 01805-10 10 30
tgl. 14 Uhr (Mitte April bis Anfang Okt. Sa auch 11 Uhr) macht die BTZ Führungen durch die Bremer Innenstadt. Ab Tourist-Info Liebfrauenkirchhof/Obernstraße, wo auch die Karten erhältlich sind, Erwachsene 15 €, Kinder bis 4 Jahre frei, 5–12 Jahre 9,50 €.

StattReisen Bremen e.V.

Rembertistr. 99
Tel. 430 56 56
Fax 430 56 54
www.stattreisen-bremen.de
info@stattreisen-bremen.de
Rundgänge 1,5–2 Std., 6 €, ermäßigt 5 €; Kinder bis 12 Jahre (ausgenommen bei Kinderführungen) kostenfrei
Die etwas anderen Stadtführungen – auch wenn sie es nicht im Namen tragen. StattReisen bietet Rundgänge mit wechselnden Themen an, Termine im Internet. Zum Programm gehören Rundgänge wie ›Kunst, Kultur und Hafenflair – rund um den Speicher XI‹, durch einzelne Stadtviertel oder zu bestimmten Aspekten wie Frauen in Bremens Geschichte, spezielle Führungen für Kinder oder Führungen per Rad. Hinzu kommen Themenführungen etwa im Landesfilmarchiv, im Überseemuseum oder im Fallturm Bremen. Gruppenführungen zu allen Themen sind ebenso buchbar wie eine Stadtrallye.

Spezielle Führungen

Führungen in den Museen erfahren Sie vor Ort oder in der Tagespresse.
Führungen im Fallturm: s. S. 86
Führungen im Rathaus: s. S. 89
Führungen im Ratskeller: s. S. 90
Führung Bremen Stadt der Luft- und Raumfahrt: s. S. 87

Zu Gast

Ein nettes Hotel oder der absolute Luxus? Eine In-Location oder ein traditionelles Bremer Lokal? Ein bisschen shoppen, ein wenig entspannen oder vielleicht surfen lernen? Oder doch die touristischen Highlights von Weltkulturerbe bis interaktivem Museum besuchen? Dieser Bremen-Führer gibt Ihnen zahlreiche nützliche Tipps und ausgewählte Adressen an die Hand, damit Ihr Aufenthalt zu einem Er-

n Bremen

lebnis wird. Die große Extra-Karte hilft bei der problemlosen Orientierung, denn die Koordinatenangaben bei allen Adressen ersparen langes Suchen. Zudem sind die wichtigsten Sehenswürdigkeiten auf dieser Karte besonders hervorgehoben. Wer jedoch Bremen einmal aus einer nicht ganz gewöhnlichen Perspektive kennen lernen will, sollte sich von den Extra-Touren ab Seite 106 leiten lassen …

Übernachten

Das Parkhotel, Bremens erste Adresse

Hotelangebot

Man muss nur wissen, wo man sein Haupt zur Ruhe betten möchte. Bremen bietet in allen Preisklassen Unterkünfte, von Privatzimmern über kleine Privathotels in alten Bremer Häusern, über eine ganze Bandbreite an Häusern der Drei- und Vier-Sterne-Kategorie bis hin zum Hochzeitshaus und natürlich dem Bremer Grandhotel, dem Parkhotel.

Bremen ist die Stadt der kurzen Wege. So finden sich viele Hotels, nicht nur die hochpreisigen, im näheren Innenstadtbereich. Der Gast kann zu Fuß oder mit nur wenigen Bus- oder Bahnstopps sein jeweiliges Ziel erreichen.

Die meisten, auf jeden Fall der größeren Hotels, bieten **Wochenendtarife, Sommerraten** oder **Winterspecials an!** Wer nicht über www.hrs.de oder ähnliche Reservierungsdienste bucht, sollte beim Hotel anfragen, ob Sonderraten angeboten werden. Umgekehrt muss man bei Großereignissen wie Freimarkt oder Sechs-Tage-Rennen und einem womöglich parallel stattfindenden Kongress mit Engpässen und/oder höheren Hotelpreisen oder zumindest nicht mit Rabatt rechnen.

Da man fast überall mit allen gängigen **Kreditkarten** zahlen kann, geben wir nur Abweichungen an.

Von Camping bis Hostel

Campingplatz Bremen (H 1)

Am Stadtwaldsee
Tel. 21 20 02
Fax 21 98 57
Haltestelle: Klagenfurter Straße
ganzjährig geöffnet 7–13, 15–22 Uhr
www.campingplatz-bremen.de
Karten: MC, Visa, EC/Maestro

Jugendherberge Bremen (D 5)

Kalkstr. 6, an der Schlachte
Tel. 17 13 69
Fax 17 11 02
E-Mail: jh-bremen@djh-unterweser-ems.de
2-, 3-, 4-, 6-Bettzimmer mit Dusche/WC pro Person inkl. Frühstück und Bettwäsche ab 19,30 €
Karten: bitte aktuell anfragen
Bis voraussichtlich April 2005 wegen umfangreicher Renovierung geschlossen. Die Lage ist ideal, Schlachte, Innenstadt liegen quasi vor der Haustür.

GastHaus 1. Bremer Backpacker Hostel (F 5)

Emil-Waldmann-Str. 5/6
Tel. 22 38 057
Fax 22 38 102
E-Mail: gasthaus@bremer-backpacker-hostel.de

www.bremer-backpacker-hostel.de
Haltestelle: Hbf, Rembertistraße
Schlafsaal 16 €, Vierer 18 €, EZ/Queensize 16 €, Doppel 22 €, Einzel 27 € – Preise pro Person, kein Frühstück
Karten: keine
Ideal für junge Leute: günstig, city- und viertelnah. Selbstversorgerküche, Waschmaschine, Trockner, Aufenthaltsraum mit TV, Internet sowie ein Fahrradkeller.

Günstige Hotels

Hotel Gästehaus Walter (E 7)

Buntentorsteinweg 86–88, Neustadt
Tel. 55 80 27, 52 59 50
Fax 55 80 29, 52 59 10
E-Mail: info@hotel-walter.de
www.hotel-walter.de
Haltestelle: Rotes-Kreuz-Krankenhaus
DZ 40–60 €
Karten: alle außer EC/Maestro
Citynah liegt jenseits der Weser diese freundliche, familiengeführte Unterkunft. Einige Zimmer haben nur Etagendusche und/oder Etagen-WC.

City Hotel Bremen (F 5)

An der Weide 18/19
Tel. 36 48 052
Fax 36 48 889
E-Mail: info@city-hotel-bremen.de
www.city-hotel-bremen.de
DZ 49–75 €, auch 3-Bett, Frühstück 6,50 €/Person
Karten: alle, aber plus Gebühren
Das Haus in Bahnhofsnähe hat 59 zweckmäßig gestaltete Zimmer. Einige DZ mit Etagendusche/-WC.

Hotel Am Hillmannplatz Nr. 1 (E 5)

Hillmannplatz 1
Tel./Fax 132 58
E-Mail: hotel@am-hillmannplatz.de
www.am-hillmannplatz.de
Haltestelle: Hbf, Herdentor
DZ 58 € (Frühstück 8 €/Person buchbar)
Das von der Familie Speckert geführte schlichte 9-Zimmer-Hotel liegt nur wenige Gehminuten von der Altstadt entfernt. Die Zimmer verteilen sich über mehrere Etagen (steile Treppen). Ein Appartment für 3–4 Personen. Frühstück im Hotel Schaper-Siedenburg.

Hotel Heldt (J 4)

Friedhofstr. 41, Schwachhausen
Tel. 21 30 51
Fax 21 51 45
E-Mail: HotelHeldt@aol.com, info@Hotel-Heldt.de
www.Hotel-Heldt.de
Haltestelle: Friedhofstraße
DZ Hotel Heldt Dépendance 66 €, Hotel Heldt 75–85 €, Apartotel Heldt DZ 95–105 €
In einer Seitenstraße liegen die Heldt-Hotels (ca. 60 Zimmer). Das Apartotel Heldt wurde 2002 neu errichtet. Das Frühstück wird im Haupthaus serviert.

Hotel Haus Bremen garni (H 6)

Verdener Str. 47
Tel. 94 94 1-0

Preiskategorien

Günstig: Doppelzimmer (DZ) 40–88 €
Mittelklasse: Doppelzimmer (DZ) 80–159 €
Gehobener Komfort: Doppelzimmer (DZ) 99–205 €
Luxus: Doppelzimmer (DZ) 140–325 €

Die Preise gelten für 2005. Wenn nicht anders angegeben, ist das Frühstück inklusive.

Fax 94 94 1-10
www.hotelgruppe-Kelber.de
E-Mail: Info@hotelgruppe-Kelber.de
Haltestelle: Am Hulsberg
DZ 67–73 €
Karten: keine (Möglichkeit der Kartenzahlung im Turmhotel Weserblick)
In der Nähe vom Weserstadion in einer Wohnstraße birgt ein gepflegtes Bremer Haus dieses kleine Hotel. Zwar im Souterrain, aber großzügig und zum Garten gelegen ist das Gartenzimmer. Zimmer 20 verfügt über Vollbad und Dusche, Zimmer 14 und Zimmer 17 sind als Familienzimmer nutzbar (zweiter Raum mit weiterem Bett). Nur 1 Min. vom Hotel entfernt kann man im Bistro Max, Mo–Fr ab 9, Sa/So ab 10 Uhr einkehren (tgl. mindestens bis 24 oder 1 Uhr).

Hotel Buthmann garni (F 5)

Löningstr. 29
Tel. 32 63 97
Fax 339 88 16
E-Mail: info@hotel-buthmann.de
www.hotel-buthmann.de
Haltestelle: Rembertistraße, Am Dobben
DZ 75 €
Karten: alle, außer Amex
In ruhiger Lage führt das Ehepaar Timmer ein kleines Hotel (zwei Sterne) in einem Bremer Haus – steile Treppen! Zimmer und Duschbäder sind sehr einfach, aber zweckmäßig.

Hotel Bölts am Park (F 5)

Slevogtstr. 23, Schwachhausen
Tel. 34 61 10
Fax 34 12 27
E-Mail: info@hotel-boelts.de
www.hotel-boelts.de
DZ 75–83 €
Karten: nur Maestro/EC
In einer hübschen Wohnstraße in Schwachhausen nahe Bahnhof und Bürgerpark befindet sich dieser Familienbetrieb in einem Bremer Haus. Die ruhigen Zimmer sind mit Fernseher, Minibar etc. ausgestattet. Die Bäder sind einfach, die preiswerteren Zimmer nutzen zu zweit eine Etagendusche/-WC. Frühstücksraum mit Gartenblick.

Hotel Hanseatic (F 5)

Glockengang 4, Altstadt
Tel. 32 54 35
Fax 338 74 40
E-Mail: info@Hotel-Hanseatic-Bremen. de
www.Hotel-Hanseatic-Bremen.de
Haltestelle: Domsheide
DZ 80–100 €
Ein Kleinod in einer unscheinbaren Gasse hinter dem Dom. Nur fünf ausgesprochen großzügig geschnittene und geschmackvoll eingerichtete Zimmer mit Küchenpantry und Dusche/WC birgt das Hotel von Anja Gathmann. Die Ausstattung erfüllt allemal den Standard eines Drei-Sterne-Hauses (obwohl nur als Zwei-Sterne-Hotel klassifiziert). Im hübschen Frühstücksraum startet man entspannt in den Tag. Ein Zimmer lässt sich dank einer Mansarde als Drei- oder Vierbettzimmer nutzen. Fahrradkeller.

Turmhotel Weserblick garni (G 6)

Osterdeich 53
Tel. 94 94 1-0
Fax 94 94 1-10
E-Mail: Info@hotelgruppe-Kelber.de
www.hotelgruppe-Kelber.de
Haltestelle: Sielwall
DZ 82–88 €
Eine Villa mit Turm vis-à-vis der Weser ist dieses Drei-Sterne-Haus (10 Zimmer). Die Zimmer, die normalen DZ wie die Turmzimmer, sind groß geschnitten und mit Kirschahornmöbeln eingerichtet. Wer es eigenwillig mag: Im Souterrain befindet sich das Turmverlies: farbig verputzt, Schlafraum durch eine Gittertür

abgetrennt – und auch sonst die eine oder andere Reminiszenz an einen Kerker (mit allem Komfort). Die Zimmer zum Osterdeich hin sind etwas lauter.

Mittelklasse

Hotel Bremer Haus (F 5)

Löningstr. 16–20
Tel. 32 94-0, Reservierung -422
Fax 32 94-411
E-Mail: bremerhaus@online.de
www.vch.de/bremerhaus.bremen
Haltestelle: Rembertistraße, Am Dobben
DZ 87 €
In zentraler Lage erwartet den Gast im Bremer Haus (71 Zimmer) eine freundliche Atmosphäre – von den überwiegend großen und stets gepflegten Zimmern in warmen Farben bis zum Personal. Einige der Zimmer verfügen über einen Balkon oder sind als Drei-Bett-Zimmer (teils abgetrennter Bereich für das dritte Bett) ausgelegt. Im Frühstücksraum geht die Sonne auf: Halbsäulen, Parkettfußboden, große Fensterfront, bei schönem Wetter Frühstück auf der Terrasse.

Hotel Hanseat (F 5)

Bahnhofsplatz 8
Tel. 146 88, 16 70 90-0
Fax 17 05 88
E-Mail: info@hotel-hanseat.com
www.hotel-hanseat.com
Haltestelle: Hbf
DZ 92–110 €
Stilvolles, kleines, persönlich geführtes Hotel, wie man es direkt am Bahnhof vielleicht nicht erwartet. Die Zimmer sind geschmackvoll eingerichtet, das Frühstücksbüffet kann mit einem Fünf-Sterne-Haus mithalten: große Käse- und Wurstauswahl, selbstverständlich Müsli, Joghurt – aber auch Prosecco oder Sekt. Schöner Salon mit alten Möbeln. Kein Wunder, dass das 33-Zimmer- und Drei-Sterne-Haus viele Stammgäste hat.

Hotel Stadt Bremen garni (E 5)

Heinkenstr. 3–5
Tel. 94 94 1-0
Fax 94 94 1-10
www.hotelgruppe-Kelber.de
E-Mail: Info@hotelgruppe-Kelber.de
Haltestelle: Doventor
DZ 88–98 €, auch 3-Bett, Appartment
Die 16 Zimmer des Drei-Sterne-Hotels sind gediegen mit dunklem Laminat und schönen Holzmöbeln eingerichtet. Recht zentral zwischen Stadtmitte und Stephani-Viertel gelegen.

Hotel Residence (F 5)

Hohenlohestr. 42
Tel. 34 87 10
Fax 34 23 22
E-Mail: info@hotelresidence.de
www.hotelresidence.de
Haltestelle: Blumenthalstraße
DZ 80–120 €
Dieses ruhig, dabei günstig zu Zentrum, Bahnhof und Messe gelegene Drei-Sterne-Hotel bietet in einem Bremer Patrizierhaus 30 Zimmer. Alle Superior-Zimmer haben Balkon und ein großzügiges Bad. Die Zimmer zum Bahndamm hin sind gut verglast. Der Frühstücksraum ist mit Möbeln der Wende zum 19. Jh. eingerichtet und geht in einen Wintergartenbereich über.

Lichtsinn am Park (F 5)

Rembertistr. 11
Tel. 36 80 70
Fax 32 72 87
www.Hotel-Lichtsinn.de
Haltestelle: Rembertistraße
DZ 105 €
Komfortables, familiär geführtes Drei-Sterne-Hotel nahe den Wallanlagen. Die Zimmer, teils mit Balkon, sind stilvoll und

Ein Hotel zu zweit

Das **Hochzeitshaus** geht auf die Tradition der Hochzeitshäuser in mittelalterlichen Städten zurück, in denen Paare, die zur Heirat in die Stadt kamen, nächtigen konnten. In dem winzigen Schnoor-Haus ist die Suite das Hotel: Sektfrühstück im Erdgeschoss, Whirlpool und Sitzecke im ersten und Schlafgemach mit Himmelbett im Dachgeschoss – mit Blick in den Serenadenhof und auf das Katzencafé.

Hochzeitshaus (E 6)
Wüste Stätte 5
Tel. 0170/461 83 33
Fax 339 88 88
E-Mail: ortwin@fritsche-hb.de
www.hochzeitshaus-bremen.de
DZ 312 €, 2 Nächte 521 €, jede weitere 200 €, Barzahlung oder vorab per Überweisung

individuell mit alten Möbeln eingerichtet. Die Nr. 17 ist zwar ohne Balkon, aber mit Himmelbett. Herr Lichtsinn und sein Team freuen sich über viele Stammgäste. Fast großbürgerlicher Frühstücksraum mit kleinen Kristalllüstern.

Hotel Schaper-Siedenburg (F 5)

Bahnhofstr. 8
Tel. 30 87-0
Fax 30 87-88
E-Mail: info@siedenburg.bestwestern.de
www.schaper-siedenburg.de
Haltestelle: Hbf, Herdentor
DZ 90–100 €

Das Drei-Sterne-plus Best Western Hotel liegt nur einen Katzensprung von der Altstadt entfernt. Die Zimmer sind freundlich und modern eingerichtet. Die vier Business-Zimmer haben ein kleines Entree. Das Einzelzimmer 223 ist großzügig geschnitten und besitzt ein Queensize-Bett. Im Laufe des Jahres 2005 wird das Hotel darüber hinaus im Nachbarhaus Appartments anbieten.

Hotelschiff Die Perle (D 5)

Schlachte, Anleger 11
Tel. 94 94 1-0
Fax 94 94 1-10
E-Mail: info@hotelgruppe-kelber.de
www.hotelgruppe-kelber.de
Haltestelle: Am Brill
DZ 98–159 €

›Die Perle‹ liegt unterhalb der Stephani-Kirche auf der Weser. Ein kleiner Spaziergang und man ist auf der Ausgehmeile Schlachte. Das Schiff birgt nur zwei Kabinen à 50 bzw. 25 m^2, mit Terrasse und Bad. Gemeinschaftlich nutzbares Sonnendeck und Bar (Selbstbedienung, Berechnung nach Verzehr). Eingecheckt und gefrühstückt wird im Hotel Stadt Bremen (s. S. 29).

Gehobener Komfort

Inn Side Residence-Hotel Space Park Bremen (A 1)

Sternentor 6, Gröpelingen
Tel. 24 27-405
Fax 24 27-427
E-Mail: mark.klinksiek@innside.de
www.innside.de
Haltestelle: Use Akschen
DZ 99–205 €

Im Januar 2004 eröffnete dieses futuristische Vier-Sterne-Hotel mit 162 Studios/Suiten beim Space Park am Weserufer. Man nächtigt im Hafengebiet, doch die Linie 3 bringt den Gast in 10 Min. in die Innenstadt. Wellness-Bereich, Restaurant (mediterrane Küche, tgl. 12–14, 18–22.30 Uhr) und Hotelbar in UFO-Form sorgen für das leibliche Wohl.

Ramada-Treff Überseehotel Bremen (E 6)

Wachtstr. 27–29
Tel. 36 01-0
Fax 36 01-555
E-Mail: ueberseehotel-bremen@ramada-treff.de
Haltestelle: Domsheide
DZ 110–135 €
Das Vier-Sterne-Haus ist dank der zentralen Lage beliebt. Dem Standard entsprechend in hellem Holz oder Mahagoni gestaltete Zimmer.

Landgut Horn (K 3)

Leher Heerstr. 140, Horn
Tel. 25 89-0
Fax 25 89-222
E-Mail: info@landgut-horn.de
www.landgut-horn.de
Haltestelle: Wilhelm-Röntgen-Straße
DZ 107 €
Ruhig in Horn liegt das Hotel im gediegen-edlen englischen Landhausstil. 188 ansprechend eingerichtete Zimmer, ein gehobenes Restaurant (dort jeden So Brunch) sowie die Hotelbar bieten eine gepflegte Unterkunft.

Atlantic Hotel Airport (außerhalb D 8)

Flughafenallee 26
Tel. 55 71–0
Fax 55 71–100
E-Mail: direktion@atlantichotel-bremen.de
www.atlantic-hotels.de
Haltestelle: Airport
DZ 164 €
Am Flughafen und mit der Straßenbahn nur 15 Min. von der Innenstadt liegt das moderne Hotel mit Zimmern in warmen Farben. Vom Restaurant Blixx sieht man Start- und Landebahn. Hier wird kreativ gekocht (Hauptgerichte 19–21 €; warme Küche tgl. 12–14, 18–22 Uhr).

Atlantic Hotel Universum (H 1)

Wiener Str. 4
Tel. 24 67-0
Fax 24 67-500
www.atlantic-hotels.de

Hotel für Zweisamkeit: das Hochzeitshaus

Lobby des Atlantic Hotel Universum

E-Mail: universum@atlantic-hotels.de
Haltestelle: Wiener Straße, Uni NW 1
DZ 128–140 €
Direkt neben dem Universum® Science Center liegt dieses moderne Vier-Sterne-Hotel. 150 DZ und Studios bestechen durch ihre klare, moderne, komfortable Ausstattung und ihre ruhige Lage am Rand von Stadtwald und Bürgerpark. Sauna- und Wellnessbereich sind vorhanden. Restaurant Campus s. S. 42

Hotel zur Post (F 5)

Bahnhofsplatz 11
Tel. 30 59-0
Fax 30 59-591
E-Mail: info@zurpost.bestwestern.de
www.zurpost.bestwestern.de
DZ 137–171 €
Am Bahnhof und nur 7 Min. vom Markt entfernt liegt das Vier-Sterne-Haus mit 177 Zimmern. Ansprechende Zimmer und Themensuiten (Jekyll & Hyde, Stadtmusikanten) bestimmen das Flair. Trotz Doppelfenstern: Wer geräuschempfindlich ist, sollte nicht zur Hochstraße hinaus nächtigen. Im Haus befinden sich das Café Hauptmeier (s. S. 49), Rößler Delis, American Bar & Dining Watch (s. S. 63) sowie das Fitness-Studio body'motion (s. S. 80).

Luxus

Hilton Bremen (E 6)

Böttcherstr. 2, Haupteingang Wachtstr.
Tel. 36 96-9
Fax 36 96-960
E-Mail: info.bremen@hilton.de
www.hilton.de
Haltestelle: Domsheide
DZ 140–200 €
Das Vier-Sterne-plus Hilton liegt mitten in der Altstadt, der Hintereingang führt direkt auf die Böttcherstraße. Typisches Hilton-Hotel mit Atrium-Bar und Restaurant (Lunch 5,50–19 €) sowie dem gehobenen Restaurant L'Oliva mit mediterraner Küche (Hauptgerichte 9,50–

19 €). Ein Teil der Zimmer liegt zum glasüberdachten Atrium hin. Das Hotel verfügt über Pool, Sauna, Fitnessraum.

Maritim Hotel (F 4)

Hollerallee 99
Tel. 37 89-0
Fax 37 89-600
E-Mail: info.bre@maritim.de
www.maritim.de
Haltestelle: Hbf, Bürgerpark
DZ 146–196 €
Das Bremer Maritim, 3 Min. vom Hauptbahnhof (Ausgang Bürgerweide) und keine Minute vom Bürgerpark entfernt, erfüllt im allerbesten Sinne den Anspruch an Maritim Hotels der Vier-Sterne-plus-Kategorie. Bei Veranstaltungen besonders angenehm: Das Congress Centrum Bremen schließt direkt an (vom Maritim betrieben) – und bis zum Marktplatz geht man 12 Min. Neben EZ und DZ verfügt das Haus über Junior- und Luxus-Suiten. Zwei Restaurants, die Brasserie für Frühstücks- und Lunchbüffet sowie das Abendrestaurant L'Echalotte (s. S. 42) verwöhnen den Gast, der sich hier nicht zuletzt dank des freundlichen Personals wohlfühlen wird. Schwimmbad, Sauna und römisches Dampfbad tragen weiter zum Wohlbefinden bei. Die Binnen Bremer Bar ist auch bei Bremern ein beliebter Treffpunkt (s. S. 63).

Parkhotel (F 4)

Im Bürgerpark
Tel. 34 08-0
Fax 34 08-602
E-Mail: verkauf@park-hotel-bremen.de
www.park-hotel-bremen.de
Haltestelle: Bürgerpark
DZ 230–325 €
Schon der Blick von der Hollerallee über den Hollersee auf den Kuppelbau verrät fast alles: Das Parkhotel ist *das* Bremer Grandhotel: Fünf-Sterne-plus und Mitglied der Leading Hotels of the World. Der Gast wohnt ruhig im Park und doch nur sechs Gehminuten vom Hauptbahnhof entfernt. 177 Zimmer von Standard bis Deluxe sowie Juniorsuiten und Suiten erfüllen alle Ansprüche. Das Haus gibt sich klassisch-elegant mit individuell gestalteten Zimmern. Von zeitloser Eleganz sind die Deluxe-Zimmer und -Suiten im neuen Seitenflügel, wo teils Blattgold und Ziegenleder auf Möbeln aus Peru angebracht sind. Im Haus befinden sich das Restaurant Fontana mit mediterraner Küche 9,50–22,50 €; Di–So 18–22 Uhr) und das Parkrestaurant (französisch-international; 23–32 €; tgl. 12–14.30, 18–22 Uhr; 14.30–18 Uhr Kaffee und Kuchen). Edel auch der 1999 eröffnete Wellness-Bereich Spa'rks mit beheiztem Außenpool, Saunalandschaft, Whirlpool, Erlebnisduschen und topmodernem Fitnessgerät, der den Hotelgästen kostenlos zur Verfügung steht. Die Douglas Beauty Spa mit kosmetischen Behandlungen, japanischem Bad, Hammam und Massage rundet das Angebot (kostenpflichtig) ab.

Privatzimmer

AGP Privatzimmervermittlung Bremen

E-Mail: info@agp-privatzimmer.de
Tel. 34 80 30
Fax 247 68 69
E-Mail: info@agp-privatzimmer.de
www.agp-privatzimmer.de

bed & breakfast Bremen

Privatzimmervermittlung Britta Wenzek
Tel. 536 07 71
Fax 536 07 72
E-Mail: bremen@bed-and-breakfast.de
www.bed-and-breakfast.de

Essen & Trinken

Bremens Sterne-Restaurant, das L'Orchidée im Ratskeller

Szene- oder Sterneküche

Von der Szenegastronomie bis zu edlen Restaurants findet sich in Bremen ein breites Spektrum von Orten, an denen der Gast sich den leiblichen Genüssen hingeben und speisen kann. Restaurants und Bistros im Viertel (Ostertor, Steintor) leben vom Understatement und ihrem lockeren Ambiente. Hier geht man eher in Jeans, denn im Anzug hin – aber letzteres stört auch niemanden. Hier findet man weniger die Haute Cuisine als vielmehr eine lockere Küche zu vernünftigen Preisen, was Studenten, Professoren, Künstler dazu bewegt, gern im Viertel auszugehen.

Bremen schmückt sich aber auch mit von Guide Michelin oder Gault-Millau gelobten Restaurants wie L'Orchidée (ein Stern) oder Grashoff's Bistro. Hinzu kommt ein breites Spektrum an Restaurants, die mit innovativ-kreativer Küche und/oder besonderem Ambiente die Gäste begeistern.

Typisch für Bremen ist, dass viele Restaurants über Terrassen verfügen oder zumindest Tische draußen aufstellen. Bei schönem Wetter genießen die Bewohner des ›kühlen Nordens‹ die angenehmen Temperaturen (s. auch Ausgehen, S. 62) gerne im Freien.

Gern genutzt wird in Bremen die Gastronomie rund um den Marktplatz, etwa **John Benton/Beck's** am Markt ebenso wie **Beck's Bistro** oder das **Rathscafé.** Die **Schlachte** macht ihrem Ruf als Ausgehmeile besonders im Sommer alle Ehre (s. S. 66, 92), doch die Restaurants von Paulaner über Enchilada oder Moto sorgen auch bei kühlerem Wetter für das Wohl der Gäste. Selbiges lässt sich von der Ausgehmeile **Auf den Höfen** (s. S. 65) sagen, wo der Maschinenraum mit durchaus anspruchsvoller Küche aufwartet.

Gut und Günstig

Café Freitag (E 5/6)

Böttcherstraße 3–5 (im Robinson-Crusoe-Haus)
Tel. 337 85 39
Haltestelle: Domsheide
Mo–Sa 10–22, So 10–18 Uhr (Küche Mo–Fr 10–15, 18–21, Sa 10–21.30, So 10–15 Uhr: im Juni/Juli Sa Küche voraussichtlich nur bis 19 Uhr)
Hauptgerichte 6,90–12,60 €, Flammkuchen und Salate 2,50–8,40 €
Karten: MC, Visa, EC/Maestro
Ausgesprochen angenehmes Bistro, wo man von 10–15 Uhr auch frühstücken kann, modern gestaltet und in das Ambiente des Robinson-Crusoe-Hauses

eingefügt (unbedingt die Glasfenster beachten). Schmackhafte kleine Gerichte und locker-freundlicher Service.

Da Vinci (G 6)

Lüneburgerstr. 24, Peterswerder
Tel. 491 90 02
tgl. 11–24 Uhr (Küche bis 23 Uhr)
Haltestelle: St.-Jürgen-Straße
Salate/Pizza/Pasta etc. 4,10–10 €, Fisch und Fleisch 9,50–16 €
Karten: Amex, MC, Visa, EC/Maestro
Mit Understatement bezeichnet sich das Da Vinci als Bistro. Im geschmackvollen Ambiente, üppig mediterran mit Reminiszenzen an Da Vinci hat man die Qual der Wahl. Der Vorspeisenteller aus warmen und kalten Köstlichkeiten ist schon fast ein Hauptgericht. Selbiges gilt für den Tomaten-Mozzarella-Salat. Die Karte bietet Pizza, Pasta, Gratins, Salate, Fisch und Fleisch. Lecker ist die Lasagne Melanzane. Sehr gutes Preis-Leistungsverhältnis und im Sommer eine kleine Terrasse.

Von Karte und Stil ähnlich gibt sich das **Matisse** (K 2; Vorstr. 79, Tel. 23 91 92, Haltestelle Vorstraße, Öffnungszeiten/Karten s.o.) in Horn-Lehe direkt am Jan-Reiners-Radweg, wo eine großzügige Terrasse sommertags zum Essen einlädt. In beiden Häusern reservieren!

Der Andechser im Katharinenkloster (E 5)

Katharinenklosterhof
Tel. 276 19 90, Fax 276 19 99
www.DerAndechser.de
tgl. 11–24, warme Küche bis 23 Uhr; Mittagstisch 11–15 Uhr (5 €)
Haltestelle: Schüsselkorb
Hauptgerichte 6,20–12,50 €
Karten: MC, Visa, EC/Maestro
In herrlichem Ambiente sitzt, wer in jenem Teil des Restaurant-Wirtshauses einen Platz ergattert, der sich im Rest der wunderschönen Gewölbe des ehemaligen Katharinenklosters befindet. Natürlich dominiert auf der Karte die bayerisch-benediktinische Deftigkeit, doch finden sich ebenso leckere Fladenpizzas oder bremische Spezialitäten. Und natürlich gibt es Andechser Bier und Klosterbrände. Reell, lecker, gutes Preis-Leistungsverhältnis – und man kann auch nur auf ein Bier hereinschauen. Am Wochenende sollten Sie reservieren!

Friesenhof (E 6)

Hinter dem Schütting 12/13
Tel. 337 66 66
Fax 337 66 99
www.friesenhof.de
tgl. 11–24 (warme Küche bis 23 Uhr)
Haltestelle: Domsheide
Hauptgerichte 6,90–13,90 €; Mittagstisch 12–15 Uhr 4,90 €
Karten: alle
Das Facelifting hat den Friesenhof in ein lichtes, freundliches Restaurant mit leicht maritimen und friesischen Elementen verwandelt. Serviert werden überwiegend rustikalere Fisch- und Fleischgerichte, darunter regionale Spezialitäten wie Knipp mit Bratkartoffeln, Kutterscholle etc.

Mr. Bao (E 5)

Knochenhauerstr. 16/17
tgl. 10–24 Uhr
Haltestelle: Herdentor, Schüsselkorb
Dim Sum 2,50–4 €; Hauptgerichte 5,80–8,20 €
Karten: MC, EC/Maestro
Das großzügig konzipierte Lokal, in freundlichen gelb-roten Farbtönen gestaltet, strahlt eine dezent asiatische Atmosphäre aus. Hier kann man frühstücken, mittagessen und after work einen Drink nehmen oder sich ein vielfältiges Abendessen zusammenstellen.

Kulinarisches Lexikon

Die meisten traditionellen norddeutschen bzw. Bremer Gerichte sind recht herzhaft, aber ein wahrer Genuss.

Bratwurst

Was den Berlinern ihre Currywurst, ist den Bremern die Bratwurst vom Rost oder aus der Pfanne. Uneins ist man sich nur, ob die Wurst von Kiefert oder von Stockhinger am besten schmeckt.

(Braun)Kohl und Pinkel

Kohl und Pinkel sind das Nationalgericht der Bremer – im Winter. Der Grüne Kohl (Grünkohl, Krauskohl, Braunkohl) erhält erst nach Frosteinwirkung sein richtiges Aroma. Nicht erschrecken beim Begriff Pinkel. Die wohlschmeckende Wurst besteht aus Zwiebeln, Hafergrütze, Speckstückchen, Pfeffer, Salz und Nelken. Die Wurstpelle, in die die traditionell hergestellte Pinkel gefüllt wird, stammt vom so genannten Pinkeldarm des Rindes. Neben Pinkel gehören Kohlwürste (Mettwürstchen), Kasseler und/oder Kassler Nacken, gestreifter Speck sowie Salz- oder Bratkartoffeln zu einem Kohlgericht. Getrunken wird dazu Bier und Korn oder aber ein Rotwein, bevorzugt ein Bordeaux (s. auch S. 16, Kohlfahrten)

Bremer Kükenragout

Der Name ist irreführend. Keine Stubenküken, sondern Hähnchenbrustfilet, Kalbszunge und -bries, Spitzmorcheln und Champignons werden zu einem feinen Ragout (manchmal auch mit Flusskrebs) zusammengeführt. Das Ganze wird mit Reis serviert.

Bremer Labskaus

Eine deftige Spezialität, die aus der Seefahrertradition stammt, ist Labskaus: Pökelfleisch wird mit Zwiebeln durch den Fleischwolf gedreht und dann in Fett angedünstet. Anschließend wird die Masse mit Kartoffelpüree und kleingeschnittenen Roten Beeten und Salzgürkchen vermengt. Matjesfilets werden entweder ebenfalls klein geschnitten untergehoben oder, wie das obligatorische Spiegelei, dazu serviert. Eine Variante verwendet Corned Beef statt Pökelfleisch, gibt nur den Saft der Roten Beete dem ›Brei‹ zu und kredenzt die übrigen Zutaten daneben.

Granat

Granat heißen in Bremen und umzu die kleinen Nordseekrabben, die als Krabbenbrot (auf Schwarzbrot mit Spiegelei) oder mit Rührei und Bratkartoffeln angeboten werden.

Knipp

Knipp hat Ähnlichkeit mit der Pinkelwurst, da es sich ebenfalls um eine Grützwurst handelt. Allerdings kauft man Knipp in dicken Scheiben, löst die Pelle ab, ›zerbröselt‹ es und brät es in der Pfanne kross. Als Beilage gibt es Bratkartoffeln und je nachdem saure Gürkchen, einen kleinen Salat oder aber Apfelkompott.

Matjes

Ende Juni wird auf dem Bremer Marktplatz offiziell die Matjessaison mit frischen holländischen Matjes eingeläutet. Junger Matjes, in Salzlake eingelegt und mit einem eiskalten Klaren genossen, das ist schon eine Delikatesse.

Pannfisch

Ob Bremer oder Hamburger Pannfisch – stets handelt es sich um eine oder mehrere Sorten Fisch, der mit einer Senfsauce überbacken wird. Dazu gibt es Salz- oder Bratkartoffeln.

Süßes Bremen

Butterkuchen

Ein lockerer Hefeteig wird auf dem Blech abgebacken, verfeinert mit Butter, Zucker und Mandelblättern darüber.

Bremer Klaben

Anders als Stollen wird Bremer Klaben das ganze Jahr über angeboten. Dieser Hefeteig mit Butter, Rosinen und Korinthen sowie Succade ist ein nicht gerade kalorienarmes Vergnügen.

Bremer Kluten

Schwarz-weiße ›Bonschen‹ (Bonbons) aus einer Pfefferminz-Zuckermasse, die zur Hälfte mit schwarzer Schokolade überzogen sind.

Rote Grütze

Rote Beerenfrüchte, manchmal mit Sago angereichert, werden klar gebunden. Serviert wird die Bremer Rote Grütze traditionell mit Vanillesauce oder Schlagsahne.

Schmalzkuchen

Kein Freimarkt oder Weihnachtsmarkt ohne Schmalzkuchen – kleine in heißem Öl ausgebackene Teigbällchen, die dann mit Puderzucker bestreut werden.

Schokolade

Bremen ist eine der süßen Hauptstädte der Republik: Kraft Foods produziert Marken von Jacobs und Suchard (Milka), und mit Hachez ist hier ein Chocolatier der Spitzenklasse zu Hause.

Bremer Getränketradition

Bier & Wein: Bremen liegt unbestreitbar im Norden Deutschlands und mit Norddeutschland verbindet man gemeinhin Bier und Schnaps. Das stimmt ja auch, irgendwie. Die Brauerei Beck & Co. (die heute zu Interbrew gehört) mit Beck's, Beck's Gold, Haake Beck, Haake Beck Dunkel, Kräusen ist der Lokalmatador und dominiert, was den Bierausschank angeht, die Gastroszene auch ziemlich eindeutig.

Daneben ist Bremen auch eine Stadt des Weins. Nicht nur, dass der Bremer Ratskeller (s. S. 90) die Tradition deutscher Weine mit dem größten Lager ganz Deutschlands pflegt, auch französische Weine, insbesondere der Bordeaux, haben in Bremen viele Freunde und Liebhaber.

Kaffee & Tee: Lange Tradition hat in Bremen der Kaffeeimport sowie dessen Weiterverarbeitung. ›Suitable for Bremen‹ – so lautete Mitte des 19. Jh. eine Qualitätsbezeichnung für Rohkaffees, die den Ansprüchen der Bremer Kaffeekaufleute genügten. Jacobs, Eduscho, AZUL und Kaffee HAG sind traditionsreiche Bremer Firmen, die heute noch von hier operieren (wobei Jacobs zu Kraft Foods gehört). In Bremen erfand Ludwig Roselius, der Mäzen der Böttcherstraße, mit dem Kaffee HAG übrigens den ersten koffeinfreien Kaffee. Und auch im Bereich Teeimport stehen Bremen und sein Umland ganz vorn: Mit Paul Schrader & Co. ist einer der renommiertesten Teeimporteure in Bremen ansässig.

Der Schwerpunkt liegt auf chinesischer Küche – mit vielfältigen und bei uns eher raren Dim Sum. Für den, der europäisches Essen bevorzugt, finden sich Pizza, Salate und einige Hauptgerichte auf der Karte. Bei schönem Wetter sitzt man auf dem Bürgersteig oder geschützt im Raum, dessen große Fenstertürfronten geöffnet werden.

Spaghetti-Haus (E 5)

Kontorhaus am Markt
Langenstr. 2–4, Altstadt
Tel. 165 18 18
Haltestelle: Domsheide, Obernstraße
tgl. 11–24 Uhr (werktags evtl. nur bis 22/23 Uhr)
Pasta 4,90–8,90 €
Karten: nur EC/Maestro
Wie der Name schon sagt, dreht sich hier alles um Pasta. Neben den obligatorischen Spaghetti in allen Variationen, gibt es auch Bavette mit gebratenen Lachswürfeln in Sahnesauce oder gefüllte Pasta wie Fiocchi mit Käse-Birnen-Füllung auf Walnusssauce – und natürlich Salate, Carpaccio etc.

Sudhaus (E 7)

Buntentorsteinweg 120, Neustadt
Tel. 557 81 30
Haltestelle: Gneisenaustraße
Mo–Sa 11–24/1, So 10–24/1 Uhr
Frühstück 11–14 Uhr, warme Küche 11– mindestens 22 Uhr
Hauptgerichte 6,60–13,20 €
Karten: nur EC/Maestro
Das Sudhaus ist eine lichte Kombi aus Restaurant, Bar und Café in hohen Räumen unter Rundbögen im ehemaligen Brauhaus der Remmer Brauerei. Von Kleinigkeiten wie Baguettes über leckere Salate (Salat Maritim mit Gambas und Lachs zu 10,10 €) bis zu Pasta, Fisch und Fleisch wird hier reell gekocht. Freundlicher Service. Da das Sudhaus im Bereich von Städtischer Galerie, Schwankhalle und Schnürschuh-Theater liegt, sollte man abends reservieren!

Klassiker

Bremer Ratskeller (E 5)

Am Markt
Tel. 32 16 76
Fax 33 78 121
E-Mail: bremer-ratskeller@t-online.de
www.ratskeller-bremen.de
Haltestelle: Domsheide, Obernstraße
tgl. 11–24 Uhr (Küche 12–15, 18–22, kleinere Speisenauswahl 15–18, 22–23.30 Uhr)
Hauptgerichte: 7,70–14,50 €; Mittagstisch (Mo–Fr 12–15 Uhr) 5,90 €
Karten: alle
In der historischen großen Halle des Ratskellers (s. S. 90) wird eine rustikale Küche geboten, die Bremische Spezialitäten ebenso wie Gerichte aus den Weinbauregionen Deutschlands bereithält. So gibt es Bremer Knipp, Labskaus oder Pfälzer Flammkuchen. Scholle, Pannfisch etc. dürfen natürlich ebensowenig fehlen wie Jungschweinbraten, Ostfriesische Lammhaxe oder Bremer Kükenragout. Der Schwerpunkt der Getränkekarte liegt auf den deutschen Weinen des Bremer Ratskellers, doch hat man das eherne Ratskellergesetz gebrochen und bietet nun auch ein Bier an. Sonntagsbrunch 11–14 Uhr. Restaurant L'Orchidée s. S. 44

Goedeken's Restauration (K 3)

Berckstr. 4
Tel. 23 65 09
www.goedeken's.de
Haltestelle: Horner Kirche
tgl. 10–1 Uhr; Frühstück 10–13, Mittagstisch 12–15 Uhr (8,60 €), warme

Sommerabend im Schnoorviertel

Küche: 12–15, 18–23 Uhr
Karten: Amex, MC, Visa, EC/Maestro
Bei Goedeken's muss man sich entscheiden: Möchte man im Ambiente einer Pariser Brasserie auf roten Lederstühlen sitzen oder bevorzugt man ein puristischeres Ambiente mit weiß gedeckten Tischen und moderner Kunst. Auf jeden Fall bekommt man hier schmackhafte, frisch zubereitete Speisen, z. B. Flusskrebse mit frischem Gemüse und Kräuterpesto an Spaghetti (10,50 €), Rinderfilet mit Kräuterkruste an Barolojus mit Marktgemüse und Kartoffelgratin (16,80 €). Neben der neuen deutschen Küche haben aber auch norddeutsche oder Bremer Spezialitäten ihren Platz auf der Karte. Gutes Preis-Leistungsverhältnis.

Landhaus Höpkens Ruh (außerhalb M 2/3)

Oberneulander Landstr. 69
Tel. 20 58 53
Haltestelle: Höpkens Ruh
Hauptgerichte 20–22 €
Karten: alle
Abseits des Citygewühls liegt das Landhaus im idyllischen Park Höpkens Ruh (s. S. 101). Die Küche kredenzt z. B. Seewolf mit Bohnenpüree und Chorizo (21 €) oder gebratenes Roastbeef mit Kräuterkruste an Artischocken-Bohnengemüse (21 €), wobei die Karte regelmäßig variiert. Das Ambiente: edel, mit Stoff bespannte Wände. Beeindruckend die Weinauswahl die Herr Arnhold bereithält. Im Sommer kann man draußen sitzen. Auch 8 Zimmer.

Strandlust Vegesack (Karte Bremen-Nord)

Rohrstr. 11, Bremen-Vegesack
Tel. 66 09-0
www.strandlust.de
Haltestelle: Bhf. Vegesack
Hauptgerichte: 7,50–24 €
Karten: alle

Die Lage an Weser und Lesum zieht die Menschen auf die Veranda des Hotel-Restaurants Strandlust. Ein wenig maritimes Flair kommt auf, wenn man bei Kaffee und Kuchen große ›Pötte‹ vorbeifahren sieht. Das Restaurant pflegt eine ambitionierte Crossover-Küche, wobei die Küchenleistung nicht immer dem entspricht, was man bei Anspruch des Hauses und Preis erwarten würde. Die Speisekarte umfasst von Matjes (ab 7,50 €) bis zu Rehbockrücken (24 €) eine breite Palette. Das Kuchenbüffet ist ohne Fehl und Tadel. (DZ 104–135 €)

Speisen in besonderem Ambiente

Bellavista im Pumpenhaus (E/F 5)

Werderstr. 56–60 (Weserinsel)
Tel. 557 68 37
Di–Fr, So 12–14.30, Sa 18–23 Uhr
Haltestelle: Wilhelm-Kaisen-Brücke (plus Fußweg)
Pasta 8–10 €, Hauptgerichte 13–18 €
Karten: nur EC/Maestro
Im ehemaligen Pumpenhaus des Alten Wasserturms (im Volksmund auch ›umgekehrte Kommode‹ genannt) werden die Gäste mit ausgesuchter italienischer Küche verwöhnt. Warme Terrakottafarben und Holz dominieren – schauen Sie an die Decke: Dort verraten die alte Lastkranstruktur und Rohre noch etwas von der früheren Verwendung des Gebäudes. Von der mit einem Zelt geschützten Außenveranda blickt man Richtung Weser. Frische Pastagerichte, stets variiert, aber auch frische Fischgerichte zählen zu den Spezialitäten des Hauses. Die Weinkarte hat leider wenig offene, dafür aber ausgesuchte Flaschenweine. Im Sommer öffnet bei schönem Wetter (Wochenende) zusätzlich der Biergarten. Dort herrscht Selbstbedienung bei Getränken und Snacks. Reservieren!

Katzencafé (E 6)

Schnoor 38
Tel. 32 66 21
tgl. 12–24 Uhr, Küche 12–15, 18–23 Uhr
Haltestelle: Domsheide
Hauptgerichte 12,50–16,50 €
Karten: nur EC/Maestro
Das Café-Restaurant betritt man über einen schmalen Gang, der zum kleinen, tiefer liegenden Innenhof der Restauration führt. Verschlungen ist nicht nur der Schnoor, sondern auch das Katzencafé, dass sich über mehrere Häuschen verteilt. Man speist ein wenig mediterran, ein wenig deutsch-international. Die Karte bietet von Austern Fine de Claire (12 €) über einen Normandie-Topf mit Filetspitzen (14 €) bis zu Hamburger Pannfisch (13 €) eine Palette, bei der sicher jeder fündig wird. Nachmittags kann man hier auch einfach zu Kaffee und Kuchen oder Eis einkehren.

Le Madame Hô (E 5)

Schlachte 41/Ecke Fangturm
Tel. 168 38 70
Mo–Sa 12–15, 18–0 Uhr
Haltestelle: Am Brill
Hauptgerichte 8,50–21 €
Karten: MC, Visa, EC/Maestro
Unaufdringlich asiatisch-elegant präsentiert sich das Le Madame Hô: Klare Linien, warme Farben, Gazevorhänge, die als Raumtrenner dienen, und dezente Leuchten aus Reispapier mit erotischen Szenen aus dem ›Jinpingmei‹ schaffen das passende Ambiente zur kreativen Küche. Serviert wird thailändische und vietnamesische Küche mit einem eindeutigen Bekenntnis zum Crossover. So gibt es Entenbrust auf

Gewürz-Couscous auf Pflaumenjus (16 €), Reiscurries, die auch als Variation serviert werden und saisonal orientierte Tagesangebote, z. B. Scharfer Melonensalat mit Gambas und Calamari im Sommer. Letzteres erfreut sich großer Beliebtheit, vielleicht auch, weil die Wassermelone als kleine Herzen serviert wird. Angenehme Weinkarte, auch mit offenen Weinen.

Meierei im Bürgerpark (G 3)

Im Bürgerpark
Tel. 34 08-619
www.meierei-bremen.de
Reservieren auch unter:
mein.tisch@meierei-bremen.de
Haltestelle: Busestraße
Di–So 12–22 Uhr (Küche 12–14.30, 18.30–letzte Bestellung 22 Uhr)
Hauptgerichte: 10–19 €
Karten: alle
Das Ambiente ist herrlich: eine riesige Gartenvilla im Schweizer Stil mitten im Bürgerpark gelegen. Im Sommer heiß begehrt sind die Plätze auf dem großen Balkon mit Blick aufs Parkhotel, das auch dieses Restaurant betreibt, und friedlich im Park grasende schwarzbunte Kühe. Ruhiger, schattiger ist der kleine Balkon nach hinten auf den idyllischen Hof mit See und Sicht auf die Meiereivilla. Die Küche ist anspruchsvoll (etwa Wolfsbarsch auf Pfifferlingsrisotto oder Entenbrust auf Schmorgemüse an Orangenpolenta), indes oft recht zurückhaltend gewürzt. Dafür ist die Weinauswahl wirklich gut. Bei schönem Wetter öffnet im Sommer Sa/So im Hof ein kleiner Biergarten mit rustikalen Speisen (10–19 Uhr).

Speicher XI (B 3)

Am Speicher XI
Tel. 61 94 10, www.speicherelf.de
Mo 11–15, Di–So 11–22 Uhr
Hauptgerichte: Mittagskarte 7–13 €, Abendkarte 7–19 €
Karten: Amex, EC/Maestro
Der Speicher XI (s. S. 94) bietet dem gleichnamigen Restaurant ein ungewöhnliches Domizil. Alter Holzfußboden und weiß getünchte Wände erinnern an die alte Nutzung des Gebäudes, wobei ein angenehm-modernes Ambiente geschaffen wurde. Koch und Köchin/Konditorin aus der bremischen Partnerstadt Riga warten hier mit einer ambitionierten Speisekarte auf, die Köstlichkeiten wie gegrilltes Kalbsfilet auf Steinpilzsalat mit Kartoffel-Steckrüben-Soufflé (18 €) oder als Vorspeise Gurken-Mango-Avocadosalat mit gebeiztem Lachs und Shrimps (8 €) birgt. Den Naschkatzen sei Vorsicht angeraten, zu verlockend ist die Spezialität der Konditorin: geeiste Marzipantorte mit Kumquats-Passionsfruchtsauce (5 €).

Die In-Location in der City – Delano

Das Delano nennt sich Bar-Restaurant-Terrasse – und all dies vereint der neue Laden in der Queerenstraße 1. Ob mittags oder abends – das Delano ist immer gut besucht. Das Ambiente ist stilvoll-modern. Ob auf einen Drink oder zum Essen, enttäuscht wird man hier nicht. Frisch zubereitete Pasta-Speisen, ovale, leckere Pizza oder ein Filet vom Grill. Dazu passen die edlen Torten vom Café Hauptmeier.
Delano, Queerenstr. 1, Tel. 338 74 00, Mo–Fr ab 11, Sa/So ab 9.30 Uhr (warme Küche 11–23.30 Uhr), Hauptgerichte 4,90–18,50 €, Karten: MC, Visa, EC/Maestro

Ständige Vertretung (StäV) im Flett (E 6)

Böttcherstr. 3–5
Tel. 32 09 95
www.staev.de
Haltestelle: Domsheide
tgl. 12–24 Uhr (oder länger)
warme Küche: durchgehend 12–24, Mittagstisch 12–15 Uhr
Hauptgerichte 7,50–14,30 €, mittags inkl. Dessert 6,30 €
Karten: MC, Visa, EC/Maestro
Im altehrwürdigen Haus St. Petrus befindet sich die Ständige Vertretung. Der alte Raum mit wunderschönen Holzbalken und bemalter Decke hat mit der StäV zusätzliches Flair gewonnen. Wer hier sitzt, zum Essen oder Trinken, sollte unbedingt die Bildergalerie an den Wänden betrachten, Bonner, Berliner, internationale und Bremer Politgrößen finden sich hier in Fotos verewigt. Die Karte folgt dem StäV-Konzept: rheinische Spezialitäten gepaart mit regionalen Gerichten (Knipp, Labskaus, Pannfisch), Fisch- und Fleischgerichte sowie Flammkuchen. Zu trinken gibt es natürlich Kölsch, aber auch Pils und Wein.

Spitzenreiter

Campus (H 1)

Wiener Str. 4, im Atlantic Hotel Universum
Tel. 24 67-533
www.atlantic-hotels.de
tgl. 6.30–1 Uhr: Frühstück 6.30–10.30 (So bis 11), warme Küche (große Karte) 12–22.30, Mittagskarte 12–18, Kleinigkeiten 22.30–23 Uhr
Haltestelle: Universität NW 1
Hauptgerichte 6,90–18,50 €, Mittagskarte 6,50–8,50 €
Karten: MC, Visa, EC/Maestro
Ein modernes und zugleich warm gestaltetes Restaurant mit offener Küche, die hervorragende, frische und innovative Speisen zwischen Crossover und regional oder saisonal zaubert. Im Sommer findet man z. B. eine ganze Dorade aus dem Ofen auf Minz-Süßkartoffeln (16 €) oder spanisches Knoblauchhuhn (12,50 €) auf der Karte. Die Weinkarte bietet Reizvolles aus Europa und Übersee auch offen an. Freitags schwelgt man unter dem Motto Sea & See in Fisch. Themenwochen, in denen die Speisekarte dann zusätzlich variiert.

Grashoff's Bistro (E/F 5)

Contrescarpe 80
Tel. 147 49
www.grashoff.de
Haltestelle: Herdentor
Mo–Fr 12–19, Sa 12–15.30 Uhr
Hauptgerichte 16,50–24,50 €
Karten: alle außer Amex
Eine der Top-Adressen in Bremen, um in relaxter Bistro-Atmosphäre zu speisen. Rüdiger König wechselt die saisonal angepasste, anspruchsvolle Karte monatlich. Je nachdem finden sich etwa Hummer auf Spaghetti (18,50 €), Seeteufel an Kokos-Chili-Sauce (22,50 €), Rehmedaillons etc. im Menü. Exzellente Weine.

L'Echalotte (F 4)

Hollerallee 99 im Maritim Hotel
Tel. 37 89-0
tgl. 18–24 (Küche bis 23 Uhr)
Hauptgerichte 11–21 €
Seit 2004 verwöhnt ein neuer Koch die Gäste des L'Echalotte kulinarisch. Die Küche kombiniert Klassisches mit Mediterranem und Regionalem, ist immer für eine – positive – Überraschung gut. So entdecken Sie vielleicht Aquerellorisotto mit Petersilienwurzel oder Rehspieß mit karamellisierten Quitten (16 €). Aktionswochen, ob spanisch, neu-

Innovative Crossover-Küche im Topaz

seeländisch oder kubanisch etc. machen zusätzlich neugierig.

Schröter's Leib und Seele (E 6)

Schnoor 13
Tel. 32 66 77
Mo–Do 12–15, 18–open end (Küche bis 23.30), Fr–So mittags nur bis 14 Uhr, 15–18 Uhr Kaffee und Kuchen, abends wie Mo–Do
Haltestelle: Domsheide
Hauptgerichte: 17,50–19,50 € (Pasta/Risotto 9–11,50 €), Mittagskarte 4,50–8,50 €
Karten: Amex, Visa, EC/Maestro
Von außen klein, wie die Schnoorhäuser nun einmal sind, erstrecken sich nach innen überraschend großzügige und vielfältige Räumlichkeiten, inklusive einem lauschigen Miniaturinnenhof. Die Kochkünste des Küchenchefs, der Wert auf frische, saisonale Zutaten legt, verwöhnen den Gaumen. Ein Gedicht sind die Auswahl von Antipasti zu 7,80 € oder Jacobsmuschel-Tempura auf Erbspüree. Ob Fisch, der hier exzellent zubereitet wird, Fleisch oder einfach Pasta – man hat die Qual der Wahl. Vielleicht verhilft der Blick auf die Tageskarte zur Entscheidung oder die Empfehlung des Kellners. Reservieren!

Topaz (E 5)

Kontorhaus am Markt
Langenstr. 2–4, Altstadt
Tel. 776 25
Haltestelle: Domsheide, Obernstraße
Mo–Fr 9.30–22, Sa 9.30–16 Uhr (Küche 11.30–21.30 Uhr)

Sterneküche im Rathaus

Zur Zeit das einzige Sterne-Restaurant in Bremen ist das L'Orchidée. Chef Arnd Feye kredenzt in edlem Rahmen, nämlich im Senats- und Kaiserzimmer des Bremer Ratskellers, seine an der Haute Cuisine orientierte Kochkunst.

L'Orchidée (E 5)
Am Markt (Eingang: Ratskeller, Liebfrauenkirchhof)
Tel. 334 79 27
Haltestelle: Obernstraße
Di–Sa 19–22 Uhr
Hauptgerichte 25–36 €,
Karten: alle

Hauptgerichte: 12,50–22,50 €
Karten: alle
Tom Schmidt setzt im Kontorhaus seine ambitionierte Küche erfolgreich fort. Ein bisschen Frankreich, ein bisschen Crossover, stets innovativ, ausgesprochen schmackhaft und daher sehr beliebt. So serviert er z. B. Carpaccio vom Kalbskopf ebenso wie Austern oder Hummer, und bei den Hauptspeisen kann sich Lyonerwurst auf warmem Speck-Kartoffelsalat ebenso finden wie Cous-Cous oder St. Petersfisch in Sauerampfersauce. Egal ob mittags oder abends – reservieren wird empfohlen.

Szene-Restaurants

Café Piano (G 6)
Fehrfeld 64
tgl. ab 9 Uhr; Frühstück: Mo–Fr 9–16, Sa, So,feiertags 9–17, warme Küche 9–24 Uhr
Haltestelle: Sielwall
Hauptgerichte (von Pasta bis Entenbrust) 5,20–11,90 €
Kein Wunder, dass das Café Piano ein beliebter Szenetreff im Ostertor ist. Das wunderschöne Ambiente erinnert mit seinen Holz- und Marmortischen, der alten hölzernen Bar an Wiener Kaffeehäuser, und die Küche ist ehrlich, schmackhaft und versorgt den Gast mit reellen Portionen. Von Salaten, Pizza, Pasta und Rollos reicht die Karte bis zu vegetarischen und Fleischgerichten – und alles zu sehr zivilen Preisen. Hier kann man auch nur auf einen Drink hineinschauen. Bei schönem Wetter stehen vor dem Café Tische.

Café-Restaurant Casablanca (F 6)
Ostertorsteinweg 59
Tel. 32 64 30
tgl. 9 – open end,
Küche durchgehend bis 1 Uhr
Haltestelle: Goetheplatz
Frühstück 4,10–9,20 €; Mittagstisch 4,90 €; Gerichte 4,50–11 €
So und feiertags üppiger Frühstücksbrunch für 12,90 €
Karten: keine
Das beliebte Szenelokal, vor dem man bei schönem Wetter direkt auf dem O-Weg draußen sitzen kann, besteht seit über 20 Jahren. 2001 hat der Hamburger Künstler ›Peter Pan‹ das Lokal neu gestaltet: Warme Farben, Rankenornamente an der Decke, eine luftig-lichte Sommerwaldatmosphäre bestimmen das Ambiente. Das Casablanca ist berühmt für sein Frühstücksangebot. Darüber hinaus bietet es schöne Gerichte für den kleinen und großen Hunger zu günstigen Preisen.

Salomon's (F 6)
Restaurant, Lounge, Eventbar
Ostertorstr. 11–13
Tel. 244 17 71, Fax 244 17 72

Restaurant: Frühstück Mo–Sa 9–12, So Brunch 11–15 Uhr; warme Küche: So–Do 11.30–23, Fr/Sa bis 24 Uhr; Außengastronomie bei schönem Wetter 9–2 Uhr
Lounge: im Sommer 18 Uhr–open end
Haltestelle: Domsheide
Karten: alle
Das puristisch gestylte Restaurant wurde 2004 in den hohen Räumen des alten Gerichtshofs eröffnet. Innovativ-kreative Küche wie mit Lachsfarce gefüllte Zucchiniblüten (16,80 €), aber auch Schnitzelrouladen Elsässer Art (14,70 €) sind typisch für das Salomon's. Passend zum Ambiente verabreden sich hier überwiegend gestylte Menschen ab Ende 20. Allerdings erfüllt die geschmackliche Abstimmung der Gerichte nicht ganz den Anspruch, den die Karte vermittelt. Bei schönem Wetter kann man im Innenhof des Gerichts an Teakholztischen sitzen. Die Lounge bietet Getränke, große Cocktailauswahl und kleine Speisen. In den Sommermonaten kann man im großzügigen Innenhof sitzen. Auch eine Event-Location.

Restaurant Am Deich (E 6)

Am Deich 68
Tel. 597 96 82
www.restaurant-am-deich.de
Di–So 18–23 Uhr (Küche)
Hauptgerichte 8,30–13,85 €
Karten: MC, Visa, EC/Maestro
Beliebtes Restaurant auf der anderen Weserseite, wo kreativ mit leichtem Hang zum Crossover gekocht wird. Stilvoll-klares Ambiente, dabei gemütlich. Die Karte wechselt monatlich und ist der Saison angepasst.

Theatro – das Caféhaus (F 6)

Am Goetheplatz 1–3
Tel. 32 60 80
www.theatro.de
So–Do 9–2, Fr/Sa 9–3 Uhr
Frühstück Mo–Fr 9–12, Sa bis 14 Uhr, So Brunch 10–14 Uhr
Snackkarte tgl. 11–1 Uhr, Mittagstisch 12 Uhr solange der Vorrat reicht, Hauptkarte 12–23 Uhr
Haltestelle: Goetheplatz
Mittagstisch 5,50–6,50 €; Hauptgerichte 9,50–13,50 €
Karten: alle
Beliebtes Restaurant und Bistro beim Theater am Goetheplatz mit Bar, Außenterrasse und mutig rot gestaltetem ›Restauranttrakt‹. Hier treffen sich Business, Szene- und Theaterleute gern auch zu einem Drink oder Essen vor oder nach dem Theater. Schmackhafte Küche, oft mediterran angehaucht (Gerichte wechseln). Gute Auswahl an Weinen, aber auch an Säften, Kaffees etc. Bei schönem Wetter sind die Bistrotische auf dem Goetheplatz sehr beliebt.

Typisch bremisch

Jürgenshof (J 7)

Pauliner Marsch 1
Tel. 44 10 37
www.juergenshof.com
Haltestelle: Georg-Bitter-Straße
tgl. 12–22 Uhr (14.30–18 Uhr Kaffee und Kuchen, Eis sowie Herzhaftes aus der Pauliner Marsch)
Hauptgerichte: 8,20–19,50 €
Karten: alle
Der Jürgenshof geht zurück auf den alten Hirtenhof des Benediktinerklosters St. Pauli, das die Pauliner Marsch seit 1138 als Klosterweide nutzte; bereits seit 1810, damals wurde das heutige großzügige Bauernhaus erbaut, befand sich hier zugleich eine Schankstätte. So sitzt man heute in einem schönen Kaminraum mit Holzbalkendecke, mit al-

ten Türen, Kaminplatten, Gemälden und speist gutbürgerlich-regional. Die Küche ist saisonal ausgerichtet, im Herbst findet man natürlich Kohl und Pinkel, aber z. B. auch Steckrübengemüse als Beilage zu Salzwiesen-Lammrücken auf der Karte. Ein beliebtes Speise- und Ausflugslokal der Bremer, wo man im Sommer auf einer herrlichen Terrasse mit Blick in die Pauliner Marsch die Sonne oder die Abendstimmung genießen kann. Abends reservieren!

Kleiner Olymp (E 6)

Hinter der Holzpforte 20, Schnoor
Tel. 32 66 67
Haltestelle: Domsheide
Mo–Fr 16–nach 24, Sa/So 12–nach 24 Uhr (Küche bis ca. 23.30 Uhr)
Hauptgerichte: 8–13 €
Karten: alle
Nicht vom Namen irritieren lassen: Hier wird nicht griechisch gespeist, sondern deftig norddeutsch (Krabbenbrot, Bremer Knipp) und Fisch (u. a. Bremer Pannfisch). Getränkespezialität ist das exklusiv im Kleinen Olymp gezapfte süffige, dunkle Schnoor-Bräu. Das Ambiente: Rokokofassade außen, innen die Goldene Ecke und Wandbilder, dazu schöne alte Möbel. Im Sommer gibt es draußen an der Holzpforte bei der Figur Heini Holtenbeens (s. S. 109) einige Sitzplätze.

Zum Kaiser Friedrich (E 6)

Langewieren 13, Schnoor
Tel. 32 64 29
Haltestelle: Domsheide
tgl. außer So und feiertags 12–24 Uhr; Küche 12–15, 18–23 Uhr
Hauptgerichte: 5,40–15,60 €
Karten: EC, MC, Visa
Traditionsreicher kleiner Gasthof mit viel Stammpublikum inklusive ehrwürdigen Bremer (Ex-)Senatoren. Hier speist man deftig-rustikal bremische Küche, Fisch und je nach Saison Spargel, Kohl und Pinkel etc. Bitte reservieren, da, wie gesagt, viele Stammgäste hier verkehren.

Weltweit

Aioli (E 6)

Tapas Bar und Restaurant
Schnoor 3–4
Mo 18 Uhr–open end, Di–So 12 Uhr–open end
Haltestelle: Domsheide
Hauptgerichte 10–14 €
Karten: Amex, MC, Visa, EC/Maestro
Beliebt und vom Feinschmecker 2004 zu einem der besten Spanier Deutschlands gekürt, liegt das Aioli direkt im Schnoor. Sehr beliebt sind die Tapas, insbesondere als Plancha-Teller (8,50 €) oder der am Tisch flambierte katalanische Fleischspieß (ab 2 Personen).

Atrium (G 6)

Vor dem Steintor 34
Tel. 70 23 23
Mo, Mi–Fr 10–22, Di 13–22, Sa 10–18 Uhr
www.atrium-bremen.de
Hauptgerichte: 9–10,50 €
Karten: EC/Maestro
Das Bistro befindet sich im hinteren Bereich des italienischen Feinkostladens. Feine, kleine italienische Gerichte, primär Pasta, werden in der offenen Küche zubereitet. Und on top: Man kann auch im gemütlichen Innenhof sitzen und sich wie in Italien fühlen.

Coyote Café (F 6)

Am Wall 201
Tel. 56 05 23
www.coyote.de

Ein Tipp für Italien-Fans: das Atrium

tgl. 7–mindestens 1, Fr/Sa bis mindestens 3 Uhr; Frühstück 7–15, Mittagstisch 11.30–15, Küche 11.30–24 Uhr
Haltestelle: Domsheide
Kleinigkeiten 2,90–5,90 €, Hauptgerichte 5,90–13,90 €
Karten: MC, DC, Visa, EC/Maestro
Im Foyer des alten Polizeihauses fühlt man sich ein wenig ins koloniale Mexiko versetzt. Der Atmosphäre angepasst gibt es hier eine riesige Auswahl an Cocktails, natürlich auch Weine, Bier und Nicht-Alkoholisches. Dazu werden Burger und Burritos, Fajitas und Steaks, Chicken Wings und auch Gratins serviert. Wer Cocktails ein wenig günstiger probieren möchte: Happy Hour tgl. 17–20 und ab 24 Uhr, Do kosten alle Cocktails nur die Hälfte.

La Bottega Italiana (F 5)

Fedelhören 102
Tel. 32 13 84
Mo–Sa 12–15, 18–22.30 Uhr (Küche)
Haltestelle: Am Dobben
Hauptgerichte 7,50–19 €
Karten: MC, Visa, EC/Maestro
Eine italienische Trattoria der rustikaleren Art: Fliesen, Wachstischdecken, dazu Madonnen-Deko an den Wänden. Vorspeisen nimmt man sich vom kleinen Büffet und lässt sie abwiegen, die Hauptgerichte des Tages – es steht stets nur eine Handvoll, vielleicht Pasta, Fisch und Fleisch, zur Auswahl, keine Pizza! – nennt die Wirtin. Es wird schlicht gekocht, ohne große Beilagen. Wein kommt in Flaschen auf den Tisch, bezahlt wird letzterer nach Verzehr.

Nanking (E 5)

Hankenstr. 20–22
Tel. 17 18 25
www.Restaurant-Nanking.de
Haltestelle: Am Brill
tgl. 12–24 Uhr
Hauptgerichte: 8,50–18,50 €, Pekingente pro Person 20,50 €
Karten: alle außer DC
Die Familie Char ist eine alteingesesse-

Haus am Walde (H 1)

Das Haus am Walde ist ein beliebtes Lokal am Rand von Stadtwald und Technologiepark. Hier treffen sich Menschen jeden Alters, auch mit Kindern, viele Studenten und Dozenten der Universität Bremen. Idealer Start auch für eine Tour auf Inlinern den Kuhgraben entlang. Das gemütliche Lokal ist den ganzen Tag über ein herrlicher Ort zum Entspannen und für leckeres Essen und Trinken. Die Terrasse ist groß, im Sommer ist zusätzlich noch ein großer Biergarten (Selbstbedienung) geöffnet, wo abends Konzerte oder Open-Air-Kinovorführungen stattfinden (Termine s. Website).
Haus am Walde, Kuhgraben 2, Tel. 21 27 65, www.hausamwalde.de, tgl. ab 10 Uhr, Hauptkarte 12–14.30, 18–22 Uhr, kleine Speisekarte 12–23 Uhr, Haltestelle: Munte, Wiener Straße; Hauptgerichte: 6,90–14,80 €, Mo–Fr Mittagstisch zu 5,90 €, Karten: EC/Maestro

ne Gastrofamilie in Bremen. Das Nanking bietet eine Riesenauswahl von ca. 150 chinesischen Gerichten: vegetarisch, Huhn, Ente, (Pekingente einen Tag vorher bestellen), Schwein, Rind, Tintenfisch, Shrimps, Gerichte auf der heißen Platte und als Spezialität chinesisches Fondue. Im klassisch-chinesisch gestalteten Restaurant kehren auch viele Chinesen ein. Direkt nebenan betreiben die Chars das ›Peking‹. Hier wird eine etwas süßlichere, mildere Küche geboten.

Palmyra (E 5)

Hillmannplatz 13–15
Tel. 957 99 34
www.restaurant-palmyra.de
Haltestelle: Herdentor
Mo–Fr, So 12–14.30, 18–24 Uhr,
Sa 18–24 (Küche abends bis 23 Uhr)
Hauptgerichte (teils mit Vorspeise): 10–21,50 €
Karten: EC/Maestro mit PIN
Das syrische Restaurant der Familie Aboudi läuft gut. Seit Sommer 2004 gibt es eine Dépendance in Bremen-Borgfeld. Wer zum Essen einkehrt, wird zunächst freundlich in eine mit syrischen Teppichen, Wandbehängen, Tischchen gestalteten Bereich geleitet – Orient-Feeling pur –, um eine Tasse Tee zu genießen. Dann wechselt man in den Restaurantbereich und lässt sich verwöhnen. Sehr beliebt sind die Masa, verschiedene vegetarische Vorspeisen (ab 6,50 €), und dann kommt die Qual der Wahl. Gerichte mit Lamm oder Huhn, Rind oder Fisch – oder vegetarisch.

Pochana Thai (E 5)

Langenstr. 14
Tel. 32 34 84
www.pochana-thai.de
Haltestelle: Obernstraße
Di–Sa 12–15, 18–23.30, So 18–23.30 Uhr (Mittagstisch Mo–Fr 12–14.30 Uhr zu 6 €)
Hauptgerichte 9–19,50 €
Karten: alle
In gediegener, nicht überladener Atmosphäre wird thailändische Küche serviert. Die Auswahl an Fisch- und Meeresfrüchtegerichten oder auch Lamm ist verlockend. Zu den Spezialitäten gehört das Pochana Fondue (ab 19 €).

Rossini (F 5)

Außer der Schleifmühle
Haltestelle: Am Dobben

Di–Fr 12–14.30, 18–23.30, Sa/So nur 18–23.30 Uhr
Tel. 336 58 35
Hauptgerichte: 15,50–33,50 € (Hummer)
Karten: alle
Sitzt man nun in einem edlen Wintergarten oder in einer italienischen Villa? Das Restaurant besticht mit seiner lichten, mediterranen Atmosphäre. Und im Sommer ist die Säulenterrasse im kleinen Garten ein Gedicht. Und das Wichtigste: Hier speist man vorzüglich gehobene italienische Küche. Ob Fisch oder Fleisch, alles ist exzellent und frisch zubereitet. Bei manchen Gerichten würden es die Gäste nicht verzeihen, wenn Sie beim viermonatlichen Kartenwechsel verschwinden würden, z. B. die Ochsenschwanzravioli mit altem Balsamico und Parmesan (12,50 €). Wer Lust auf Kaviar verspürt, muss natürlich tiefer in die Tasche greifen. Mittagstisch zu 8,50–9,50 € und eine superbe Weinkarte vervollständigen das Italien-Vergnügen.

Sushi Factory (E 5)

Knochenhauerstr. 11
Tel. 163 37 74
Haltestelle: Herdentor
Mo–Do 12–22.30, Fr/Sa 12–24, So 17–22.30 Uhr (letzte Bestellung stets 30 Min. vor Schluss)
2 Sushi jeweils 1,70–4,80 €
Wer Lust auf Sushi verspürt, hier rollen sie in eher kühler Umgebung am Fließband, stets frisch, am Gast vorbei.

Von Kaffee bis Tee

Café Hauptmeier (F 5)

Bahnhofsplatz 11, Hotel zur Post
Haltestelle: Hbf
Mo–Fr 6.30–10.30, Sa/So 7–11 Uhr Frühstück, Café tgl. 12–19 Uhr
Karten: alle
Im ersten Stock des Hotels verwöhnt der exzellente Pâtisseur Hauptmeier seine Gäste mit exquisiten Torten und anderen Naschereien. Neben seinen Torten – im Programm sind, saisonal wechselnd, 30 verschiedene – ist er bekannt für seine Petit Fours mit frischen Früchten, Schokolade etc. – und sein Eis. Die Köstlichkeiten kann man im Rößler Delis auch erwerben und mitnehmen: Rößler Delis im Hotel zur Post (1./2. August- und 1./2. Januarwoche geschl.), Rößlers Deli im Glaspavillon auf dem Liebfrauenkirchhof; beide Di–Sa 10–18, So 12–16 Uhr.

Café Knigge (E 5)

Sögestr. 42/44
Tel. 130 60
www.knigge-shop.de
Haltestelle: Herdentor
Mo–Fr 9–18.30, Sa 9–18, So 12–18 Uhr
Karten: alle außer Amex
Eine der alteingesessenen Bremer Konditoreien bietet die Gelegenheit zu einer gemütlichen Kaffeepause mitten auf der Sögestraße. Zu den Spezialitäten des Hauses gehören die Kapuziner- und die Grand-Marnier-Torte ebenso wie Baumkuchen. Zum Café gehören ein Bistrobereich, wo kleine Speisen serviert werden, und ein Shop, wo man hausgemachtes Gebäck, vor allem aber Baumkuchen und Bremer Klaben erwerben kann.

Café Stecker (E 5)

Knochenhauerstraße 14
tgl. 8–18.30 Uhr
Haltestelle: Herdentor
Am Markt
Haltestelle: Obernstraße
tgl. 10–18 Uhr

Karten: EC (nur Knochenhauerstraße)
Das traditionsreiche Café Stecker, seit dem Jahr 2000 von der Familie Timphus geführt, ist eine Institution in Bremen. Übrigens befindet sich das Café in der Knochenhauerstraße in einem Renaissance-Bau von 1550, der 1742 mit Rokoko-Elementen umgestaltet wurde. Wer zur Zwetschgenzeit hier ist, sollte einmal die Badische Nusszwetschge probieren. Ansonsten ist Stecker vor allem für seine Schneemustorte mit Ananas oder Erdbeer berühmt, die besonders im zweiten Haus Am Markt äußerst beliebt ist. Und wer etwas mit nach Hause nehmen möchte: vielleicht ein Tütchen Lucia-Gebäck. Selbstverständlich bietet das Café auch eine Karte mit kleinen Gerichten an.

Café Tölke (E 6)

Schnoor 23 a
Tel. 32 43 30
Haltestelle: Domsheide
tgl. 10–19.30 Uhr
Karten: alle
Im kleinen Café im Schnoor fühlt man sich fast wie in Wien. Österreichische Spezialitäten bestimmen die Kaffeeauswahl ebenso wie die Kuchen (Apfelstrudel, Sachertorte). Wer es lieber herzhaft mag, kommt mit Suppen oder kleinen deftigen Speisen ebenfalls zu seinem Recht.

Čino Coffeeshopbar (E 5)

Am Wall 137–139
Tel. 168 39 50
www.cino-coffee.de
Haltestelle: Herdentor
Mo–Fr 8–20, Sa 8–18 Uhr, So geschl.
Karten: keine
Das Familienunternehmen der Familie Bauer setzt sich wohltuend von den üblichen Kaffeebarketten ab. Mediterran und warm sind die Farben, hier kann man in Ruhe sitzen, Kaffee in allen Variationen oder ein schönes Glas Wein trinken. Das neue Cino Am Wall besticht mit seiner Fensterfront gen Wallanlagen und edlem Mobiliar. Das zweite, bzw. eigentlich das erste Čino, am Ostertorsteinweg 70 (F 6; Tel. 790 87 20, gleiche Öffnungszeiten) verfolgt ein identisches Konzept.

Energiecafé (E 5)

Ecke Am Wall/Sögestraße
Tel. 277 25 10
www.energiecafé.de
Haltestelle: Herdentor
Mo–Sa 9–20 Uhr
Karten: alle
Das Energieunternehmen swb Enordia hat im Erdgeschoss diese junge Café-Bar eingerichtet. Snacks, Cocktails, Kaffee und mehr bilden das Basisangebot, das zahlreiche Veranstaltungen bereichern; z. B. Mittagslesungen und in der dunkleren Jahreszeit (Sept.– Mai) jeden ersten und dritten Do um 20 Uhr Jazz und zu anderen Terminen auch Hörkino. Genauere Informationen erhalten Sie telefonisch oder auf der Website.

Ferrari (G 6)

Vor dem Steintor 110
Tel. 737 98
Mo–Sa 10–23, So 11–23 Uhr
Eine Institution nicht nur im Viertel. Hier wirkt die italienische Familie Chiamulera – die das Eis nach Bremen brachte. Neben den Klassikern schleckt man hier auch ausgefallenere Sorten wie Schoko mit Peperoni.

Panciera (F 6)

Ostertorsteinweg 73
Tel. 70 03 07
tgl. 10–23 Uhr
Haltestelle: Theater am Goetheplatz
Karten: keine

Café Tölke, eine Institution im Schnoor

Die zweite Eisdiele, die aus dem Viertel nicht wegzudenken ist. Lecker-cremiges Eis mit kleinen Überraschungen. Bei Panna Cotta stößt man z. B. auf Feigen. Gag – und ein bisschen Stress fürs Personal: Die Außenplätze sind auf der anderen Seite des O-Way. Balancieren ist angesagt.

Pasticcheria-Gelateria Rialto (E/F 5)

Hillmannplatz 20
Tel. 800 85 40
Haltestelle: Herdentor
tgl. 9–22 Uhr
Karten: keine
Direkt am Rand der Wallanlagen hat man in dieser großen Gelateria die Qual der Wahl unter etwa 30 Sorten Eis. Groß, beliebt mit Außenplätzen. Manchmal dauert es ein wenig, bis man in den Genuss kommt.

Schnoor-Teestübchen (E 6)

Wüste Stätte 1, Schnoor
Tel. 32 60 91
Haltestelle: Domsheide
Mo–Sa 10.30–19, So 12–19 Uhr
Karten: keine
In dem kleinen Teestübchen im ersten Stock über Jutta Gaeths zweitem Laden kann der Teeliebhaber unter ca. 50 Sorten wählen, die alle ganz stilecht auf Stövchen serviert werden. Dazu isst man Vollwertkuchen – und darf nicht rauchen.

Einkaufen

Angesagt: Mode-Laden Prototype Schumacher

Bremen hat doch tolle Läden

Das Vorurteil hält sich hartnäckig: Wer in Bremen wohnt und wirklich shoppen will, muss nach Hamburg fahren. Stimmt nicht! Allerdings muss man wissen, wo die schönen oder witzig-flippigen Läden sind, die nicht unbedingt an den Haupteinkaufsstraßen liegen. Aber Bremen ist dabei, seine Innenstadt aufzuwerten, große Passagen verleiten auch bei schlechtem Wetter zum Bummel von Schaufenster zu Schaufenster.

Shoppingstraßen

In den beiden großen Fußgängerzonen **Sögestraße** und **Obernstraße** finden sich vor allem große, teils alteingesessene Geschäfte. Von der Sögestraße geht der **Katharinenklosterhof** mit seiner Passagenstraße ab, die sich bis zum Domshof zieht. Hier finden sich viele kleine, aber feine Läden der eindeutig gehobenen Kategorie. Die **Lloydpassage** und der **Lloydhof** andererseits haben ein eher preiswertes Angebot – und beherbergen einige Imbissbetriebe von durchaus guter Qualität. Im **Kontorhaus** hinter der Obernstraße hat sich eine schöne Mischung aus exklusiven Shops und Gastronomie für jeden Geldbeutel niedergelassen. Wer kunsthandwerklich Besonderes oder auch Maritimes oder einfach Ungewöhnliches sucht, wird sicher in **Böttcherstraße** oder **Schnoor** fündig. Das ›Viertel‹, d. h. der **Ostertorsteinweg** im Besonderen, aber auch **Vor dem Steintor** und verstreut hier und da in den Seitenstraßen, präsentiert eine spannende Mischung aus Edelläden, alteingesessenen Viertelläden, Ökologischem und Szenigem. Im **Fedelhören** schließlich reihen sich die Antiquitätenhändler, die auch im Viertel und im Schnoor zu finden sind.

Antiquariate

Antiquariat Beim Steinernen Kreuz Udo Seinsoth (F 6)

Beim Steinernen Kreuz 1
Tel. 70 15 15
www.antiquariat.net/seinsoth
Mi–Fr 14–19, Sa 10–14 Uhr
Haltestelle: Wulwesstraße
Anspruchsvolles Antiquariat mit dem Schwerpunkt auf Literatur und Kunst des 20. Jh., Exilliteratur, illustrierten Büchern, Sozialgeschichte – und Künstlerschallplatten. Dependance im Neuen Museum Weserburg.

Antiquariat Heike Brinkhus (F 5)

Fedelhören 92

Tel. 32 36 02
Di–Fr 15–18, Sa 11–13 Uhr
Haltestelle: Am Dobben
Liebhaber bibliophiler Bücher, Literatureditionen, alter Reisebeschreibungen, von Philosophie oder auch Kinderbüchern werden bei Frau Brinkhus sicher fündig.

Highlight 1

Antiquitäten im Fedelhören (F 5)

Die kleine Straße Fedelhören (Haltestelle: Am Dobben) ist das Mekka für alle, die Spaß an nostalgischem Trödel und Antiquitäten jedweder Art haben. Hier haben sich diverse Läden etabliert, die sich von Art Déco über Asien, von Möbeln bis Militaria jeweils unterschiedliche Schwerpunkte gesetzt haben. Dazwischen findet sich auch ein besonderer Goldschmied (Haarstick, s. S. 60) und auch das eine oder andere nette Lokal.

Die Läden öffnen in der Regel zwischen 10/11–13, 15–18/18.30, das **Khan's** (um 100 Jahre alte chinesische Möbel) hat nur Mo 16–18, Di 11–13, 16–18 und Sa 11–13 Uhr auf. Bei **Antiquitäten Günter Raup** (Nr. 87a) dominieren Militaria (von Orden bis Pickelhauben), Schiffsmodelle und Lampen. **Antiquitäten Partner** (Nr. 90) ist einer der letzten großen Läden in Bremen mit alten englischen und französischen Möbeln, Silber und Lampen. **Von Seggern** (Nr. 94) wird den Glasliebhaber erfreuen. **Art Deco** (Nr. 10) ist – wie der Name schon verrät – eine Fundgruppe für Möbel, Lampen, Schmuck etc. aus den 1930er bis 1950er Jahren.

Buchhandlungen

Neben den **Thalia-Buchhandlungen** auf der Söge- und der Obernstraße (E 5) gibt es in Bremen zahlreiche individuelle Buchhandlungen, von **Storm** (E 5) in der Langenstraße über **Geist** Am Wall (F 5) bis:

Fata Morgana (F 5)

Auf den Häfen 9–10
Tel. 787 17
www.fata-morgana-buch.de
Haltestelle: Am Dobben
Landkarten und Reiseliteratur.

Frauenbuchladen Hagazussa e.V. (G 5)

Friesenstr. 12
Tel. 741 40, Fax 751 30
Haltestelle: Am Dobben
Mo–Fr 9–13.30, 15–18.30,
Sa 9–13 Uhr
Kleiner Laden, der sich auf Literatur von und für Frauen spezialisiert hat.

Franz Leuwer (F 5)

Am Wall 171
Tel. 32 18 28, 32 18 29
Haltestelle: Herdentor
Mo–Fr 9–16, Sa 9–16 Uhr (Dez. Sa bis 20 Uhr)
2003 bestand die Buchhandlung Leuwer 100 Jahre – der unkonventionelle Buchladen birgt die ganze Bandbreite der Bücherwelt (bis auf Computer). Schwerpunkte sind Kunst, Klassiker, Geschichte, Bremensien und Reiseliteratur. Im ersten Stock finden regelmäßig Kunstausstellungen statt.

Morgenstern-Buchhandlung (F/G 6)

Am Dobben 94
Tel. 70 41 44
Fax 70 52 83

Haltestelle: Am Dobben
Mo–Fr 9–18, Sa 9–13 Uhr
Im Souterrain eines alten Bremer Hauses findet der anthroposophisch Interessierte ein breit gefächertes Sortiment.

Bettina Wassmann (F 5)

Am Wall 164
Tel. 258 16 87
Mo–Fr 10–19, Sa 10–16 Uhr
(Dez. Sa bis 18 Uhr)
Haltestelle: Herdentor
Ausgewählte literarische Neuerscheinungen, literaturwissenschaftliche Bücher und Frankfurter Schule – das sind die Themen von Bettina Wassmann. Ein kleiner, überschaubarer Laden, in dem man spürt, dass die Inhaberin Bücher liebt und kennt – und bei der Auswahl sich auf ihre umfangreichen Kenntnisse und ihr Urteil verlässt. Bekannt ist sie auch für ihren kleinen, aber feinen Verlag gleichen Namens.

CDs & Vinyl

Deejays (E 5)

Knochenhauerstr. 27, im Untergeschoss des Go Bäng Kaufhauses
Tel. 169 21 66, 169 21 77
Mo–Fr 10–19, Sa 10–17
Haltestelle: Herdentor
Das CD- und – oh ja! – Schallplattenangebot von Funk und Soul über Dance Classics und Dancefloor bis zu Jazz, auch Techno, House und Trance lässt auch die DJs der einschlägigen Diskotheken hier stöbern.

ear (G 6)

Vor dem Steintor 36
Tel. 70 25 00
Mo–Fr 10–19, Sa 10–16 Uhr
Haltestelle: Brunnenstraße
Hier kann man auch für relativ kleines Geld fündig werden, denn bei ear werden u. a. gebrauchte (und geprüfte) CDs angeboten.

Spielzeug & Basteln

Das Bärenhaus (E 6)

Stavendamm 9, Schnoor
Tel. 337 84 19
Kernzeiten tgl. 10/11–19 Uhr; Jan.–Beginn der ersten Osterferien So geschl.
Nicht nur für Kinder, sondern auch ein Dorado der Teddy-Freaks. Plüschbären, Holzbären etc. finden sich hier in allen erdenklichen Variationen, ebenso wie Materialien zum Selberbasteln.

Huckebein Kinderladen (E/F 6)

Böttcherstr., Haus der Sieben Faulen
Tel. 338 82 23
Mo–Fr 9.30–18.30, Sa 9.30–18 Uhr
Der kleine Laden bietet hochwertiges Spielzeug aus Holz, edle Puppen (Käthe Kruse), Stofftiere und vieles mehr für Kinder bis 10 Jahre.

Kaenguru (E/F 6)

Böttcherstr., Haus der Sieben Faulen
Tel. 32 70 70
www.kaenguru-kinderkleidung.de
Mo–Fr 10–18.30, Sa 11–16 Uhr
Wer hochwertige Kinderkleidung von jungen Designern sucht, wird hier sicherlich fündig.

Trotzdem Kinderkram / Rapunzel (E 6)

Schnoor 24 und 17 (Innenstadt)
Tel. 32 03 82 (Trotzdem)
tgl. 11–19 Uhr, Jan.–März Trotzdem So bis 18 Uhr, Rapunzel So geschl.
Haltestelle: Domsheide
Zwei kleine Lädchen, die vor allem Puppen und Marionetten etc. anbieten,

Urushi – japanische Lackkunst

Ein Novum in Bremen und nahezu einzigartig in Europa: Manfred Schmid, der in Barcelona, bei der bisher einzigen in Europa lebenden japanischen Lackkünstlerin die hohe Kunst des Urushi, der japanischen Lacktechnik, erlernte, hat sich in Bremen niedergelassen und einen Laden eröffnet, in dem er wunderbare Arbeiten in dieser höchst aufwändigen Kunst fertigt und verkauft. Um ein Stück, das Untergrundmaterial bilden Holz, Pappmaché, Leder oder mehrlagig verklebter Stoff, zu erstellen, sind ca. 30 Arbeitsschritte erforderlich, die sich aufgrund des langwierigen Trocknungs- (eigentlich Polymerisations-)Vorgangs über ein Jahr hinziehen. Dementsprechend kostbar sind natürlich die fertigen Objekte. Manfred Schmids Urushi orientiert sich naturgemäß am japanischen Vorbild, doch sucht und erarbeitet er seinen eigenen Stil. Darüber hinaus bietet er Kurse an – inzwischen als einziger europaweit.

Urushi, japanische Lacktechnik (E/F 6)
Böttcherstr. 8, Tel 164 16 51, mobil 0176/22 17 17 52, E-Mail: invo@urushi.de, www.urushi.de, Haltestelle: Domsheide

aber auch etliches an Bremen-Souvenirs. Über dem Trotzdem Kinderkram ist außerdem ein kleines Spielzeugmuseum zu besuchen.

Windvogel (E 6)

Marterburg (Schnoor)
Tel. 32 42 44
Mo–Fr 11–18, Sa 11–16 Uhr,
So geschl.
Haltestelle: Domsheide
Seit 1978 findet man hier alles, was zum Drachenbauen nötig ist. Auch erhält man fertige Drachen, Windspiele, Bumerangs etc.

Comics

Bremer Comic Mafia (E 6)

Friedrich-Ebert-Str. 18
Tel. 536 06 36
Mo–Fr 11–18, in der Vorweihnachtszeit Sa 11–15 Uhr
Haltestelle: Theater am Leibnizplatz
Vier Etagen mit immerhin 600 Quadratmetern Fläche machen den Laden zur ultimativen Stöberstube für junge und alte Comic- Fans. Hier gibt es nicht nur Comic-Hefte, sondern auch vielerlei Krimskrams und was den Comic-Freak sonst so erfreut.

Captain Comic (G 6)

Tel. 735 74
Vor dem Steintor 153
Mo–Fr 12–18, Sa 11–15 Uhr
Haltestelle: St.-Jürgen-Straße
Ziemlich große Auswahl an Comics aller Art. Wer englische Original-Comics sucht oder auf Fantasy steht: Hier wird man fündig.

Pegasos (G 6)

Feldstr. 10
Tel. 747 63
Mo–Fr 10.30–13, 15–18.30,
Sa 10.30–13 Uhr
Haltestelle: Am Dobben
Im Laden gibt es primär Comics, aber auch Fantasy und Science Fiction kann in einem der Lager vorhanden sein. Bei bestimmtem Titelwunsch besser anrufen und prüfen lassen.

Holtorf – ein alter Krämerladen

Es gibt sie noch, kleine Lebensmittelläden mit besonderem Sortiment, von Käse über Wurst bis zu Körnern, Gewürzen und Nostalgie. Holtorf besteht seit 1874, wird jetzt in der vierten Generation geführt und lohnt allein schon wegen der alten Jugendstil-Einrichtung von 1903. **Holtorf** (F 6), Ostertorsteinweg 6 (Haltestelle Sielwall), Mo–Fr 9–13.30, Fr auch 15–18.30, Sa 9–13 Uhr.

Kulinarisches

Chocolatier Hachez

Am Markt 1 (E 5)
Mo–Fr 10–18.30, Sa 10–16 Uhr
Tel. 509 02 15
Dependance Im Schnoor 12 (E 6)
Haltestelle: Domsheide
Hier bekommt man die exquisiten Schokoladen, Ingwerspezialitäten, Pralinen, traditionelle Bremer Kluten und vieles mehr der edlen Bremer Schokoladenfirma Hachez. Für absolute Schokofans: die Jahrgangsschokoladen und die extradunklen Varianten. Übrigens lohnt allein der Blick in den Laden Am Markt, der sich einfügt in die Räumlichkeiten mit originalem Holzschnitzwerk und viel Glas dieses alten Bremen Stadthauses.

Kaffee- und Teeladen Hemken (F 6)

Kaffeerösterei
Am Dobben 69
Tel. 785 26
Mo–Do 9–13, 14.30–18.30,
Fr 9–18.30, Sa 10–14 Uhr
Haltestelle: Sielwall
Bei Hemken wird Kaffee noch in einer alten Röstmaschine langsam und schonend 20 Minuten lang frisch geröstet. Eine Erinnerung an die zahlreichen alten Kaffeeröstereien in diesem Viertel. Verschiedene Sorten natürlich hausgerösteten Kaffees, aber auch ein schönes Teesortiment.

Paul Schrader & Co. (E 5)

Spitzenkiel 14
Tel. 17 18 29
Mo–Sa 10–18 Uhr
Haltestell: Am Wall
Wer sonst bei Paul Schrader Tees, kulinarische Spezialitäten oder Accessoires bestellt, kann hier im Bremer Ladenlokal, in der Stammstadt der Firma, einmal selber stöbern.

Tabac & Pfeife – Smokehouse (E 6)

Schnoor 25
Tel. 32 33 57
Haltestelle: Domsheide
Mo–Sa 10.30–18 Uhr
Ein Muss für jeden Pfeifen-Freund ist dieser Laden mit Tabaken aus aller Welt, edlen Pfeifen, aber auch Zigarren. Erwähnenswert die in Heimarbeit hergestellten Schnoorkopf-Zigarren. Seit Dezember 2004 birgt das Haus auch eine Lounge, wo man Tabak probieren und einen Espresso trinken kann.

Weinverkauf des Bremer Ratskellers (E 5)

Schoppensteel 1
Tel. 33 77 88
www.ratskeller.de
Mo–Fr 9–18, Sa 9.30–15 Uhr
Haltestelle: Schüsselkorb
Auf der Rathausrückseite befindet sich der Weinverkauf des Ratskellers, wo die Ratskellerweine (alle deutsch) zu erwerben sind. Auch Versand.

Kurioses, Spezielles & Bremisches

Albers Maritim (E/F 6)

Böttcherstr. 8
Tel. 36 48 855
Haltestelle: Domsheide
Mo–Fr 11–18, Sa 11–14 Uhr
Karten: MC, Visa, EC/Maestro
Der Name verrät es: Hier findet der Kunde maritime Souvenirs in Hülle und Fülle: von Buddelschiffen über Bücher bis zu Glasenuhren und sportlich-maritimer Kleidung.

Atelier GAG (E 6)

Schnoor 31
Tel. 70 11 37
Haltestelle: Domsheide
Mo–Fr 11–18.30, Sa 11–18, So 11–18 Uhr (Weihnachten–Ostern So geschl.)
Man glaubt kaum, was es alles an Bastelbögen gibt, um Papiermodelle herzustellen: ob ein Skelett oder der Eiffelturm, aber natürlich auch Roland und Bremer Rathaus etc.

Coco (G 6)

Vor dem Steintor 30
Mo–Fr 11–19, Sa 10–16 Uhr
Tel. 788 13
Der schöne, über zwei Etagen gehende Laden birgt chinesische Möbel, Buddha-Figuren, Stelen, Accessoires. Dazu kommen Thangkas ebenso wie chinesische Plakate aus der Republikzeit und Einzelstücke aus Thailand oder Japan.

Farbenmeer (G 6)

Lüneburgerstr. 31
Tel. 498 62 85
Mo–Fr 10–18.30, Sa 10–13 Uhr
www.farbenmeer.com
Der Name lässt's erahnen: Hier erhält man Künstlerbedarf jeder Art. Das Besondere ist das Ambiente: An der Fassade des Ladens begrüßen haushohe asiatische Wandmalereien den Kunden. Im Inneren taucht man ein in eine Traumwelt: Die Wände sind in Terrakottafarbe, in Rot und Gelb gestrichen – die bengalischen Farben dominieren. Dazu gehört eine Galerie, die insbesondere Arbeiten von fünf jungen Künstlern aus fünf Nationen ausstellt, die sich zur Gruppe 5Brücken zusammengeschlossen haben.

Folker Bahr (E 6)

Stavendamm 12 (Schnoor)
Tel. 32 47 57
Mo–Sa 11–18, So 11–16 Uhr, Okt. bis März ist der Laden So u.U. geschl.
Haltestelle: Domsheide
Seit drei Generationen stellt die Familie Bahr Buddelschiffe und Schiffsmodelle in Handarbeit her. Darüber hinaus quillt der kleine Laden mit Schiffsgerätschaften und maritimen Relikten über.

Die Perlerie (E 6)

Stavendamm 10
Tel. 32 84 05
Kernzeiten Mo–Sa 11–18, So 12–16 Uhr; im Sommer Mo–Sa bis 18.30, Jan. bis Beginn der ersten Osterferien So geschl.
Haltestelle: Domsheide
Natürlich, hier gibt es Perlen: über 1300 verschiedene sogar. Doch darüber hinaus bietet Die Perlerie afrikanisches Kunsthandwerk (primär Mali, Burkina Faso und Senegal): Masken und Skulpturen, aber auch Blecharbeiten junger Künstler aus dem Senegal – und Percussion-Instrumente.

Go Bäng Kaufhaus (E 5)

Knochenhauerstr. 27
Tel. 121 32
Mo–Fr 10–20, Sa 10–18 Uhr

Kleine Lädchen zum Stöbern im Schnoor

Haltestelle: Herdentor
Im Erdgeschoss werden Poster und Postkarten verkauft, im ersten Stock Klamotten von Labels wie Miss Sixty, Gesus, Ato, Blutsgeschwister – und es gibt den Head and Grow Shop Udopeia. Im Keller findet sich der Plattenladen Deejays (s. CDs etc.).

Schnoor-Oase (E 6)
Wüste Stätte 1a
Tel. 32 59 56
tg. 10.30–19 Uhr, Weihnachten bis Anfang April So geschl.
Haltestelle: Domsheide
Der Laden birst nachgerade von Werbemittelreproduktionen, von Blechspielzeug, alten Werbeschildern, Dosen etc.

Weihnachtsträume (E 6)
Marterburg 45
Tel. 32 32 62
www.weihnachtstraeume.de
Mo–So 10–18 Uhr
Haltestelle: Domsheide
Das ganze Jahr Weihnachten – ist das nichts? In einem alten Speicherhaus in der Marterburg (mit kleinem Reststück der Stadtmauer des 13. Jh.) spürt man über drei Etagen stets die weihnachtliche Atmosphäre. Hier gibt es nicht nur Dekoartikel, sondern auch Geschenke.

Wüste Stätte 9 (E 6)
Wüste Stätte 9 (Schnoor)
Tel. 337 90 00
Fax 520 97 28
www.wuestestaette.de
Mo–Sa 11–18, So 12–18 Uhr
Jutta Gaeth unterhält zwei Läden im Schnoor. In diesem finden Sie (für Allergiker geeignet) Stahlschmuck, Kleidung aus naturreinen Materialien wie Seide. Wolle, Bambus, darunter Mode der wohl besten finnischen Designerin Annikki Karvinen. Der kleine, sich über zwei Etagen ziehende Laden birgt aber auch venezianische Masken oder feine Marionetten. Und – was in Bremen lange fehlte – das Programm von L'Occitanie en Provence.

Märkte

Blumenmarkt (E 5)
Liebfrauenkirchhof
Mo–Sa 8–14 Uhr
Haltestelle: Schüsselkorb
Der Wochenmarkt auf dem Domshof

und der Blumenmarkt gehen fast ineinander über. Auf dem Liebfrauenkirchhof bieten zahlreiche Blumenhändler Schnittblumen und Topfpflanzen an.

Findorffmarkt (E/F 3)

Neukirchstraße
Di, Do, Sa 8–13.30 Uhr
Haltestelle: Findorffalle, Eickedorfer Straße
Ein hübscher Wochenmarkt, auf dem auch Bioprodukte angeboten werden.

Kajenmarkt (E 5/6)

Schlachte
Mai–Sept. Sa 10–16 Uhr
Haltestelle: Am Brill
Auf der Schlachte selbst gibt es Live-Musik, Marktschreier, zu essen und zu trinken – und unterhalb entlang der Weserpromenade findet ein Antik- und Trödelmarkt statt (leider auch mit Ramschklamotten).

Wochenmarkt auf dem Domshof (E/F 5)

Domshof
Mo–Sa 8–14 Uhr
Auf dem Domshof findet der größte Bremer Markt statt – mit zahlreichen Obst- und Gemüseständen, Wild und Geflügel, Fisch (außer Mo), Käse und vielem mehr. Tipp: Bei schönem Wetter auf der Terrasse des Alex (s. S. 63) sitzen und das Treiben beobachten.

Mode

Entweder geht man in die edlen Läden in der City wie dem Klassiker **Stiesing** in der Sögestraße, in **Evelyn's Showroom** im Kontorhaus am Markt (Langenstraße), zu **Harms** Am Wall oder zu **Ilse-Moden** (Ostertorsteinweg). Wer Ungewöhnlicheres sucht, wird sicherlich am **Ostertorsteinweg** fündig, wo sich neben einigen hochpreisigen auch eine Vielfalt an peppigen Läden für den kleineren Geldbeutel und für junge Leute findet.

Anziehungskraft (F 6)

Ostertorsteinweg 21
Tel. 70 53 93
Haltestelle: Wulwesstraße
Mo–Fr 11–19, Sa 10–18 Uhr
Das Outfit des Ladens mit grau gestrichenen Wänden passt zur Mode – für Sie und Ihn. Hier finden sich Jeans von Plein Sud, edle Lederklamotten von Dirk Schönberger, aber auch Namen wie the girl and the gorilla, Dolce & Gabbana etc.

Prototype Schumacher (F 6)

Ostertorsteinweg 62
Haltestelle: Theater am Goetheplatz
Mo–Fr 11–18, Sa 11–16 (und manchmal länger)
Sigrid Schumacher bezeichnet ihre Kollektion gern als kompromisslos-luxuriös. Sie verarbeitet primär Microfaser-Stoffe zu einer schräg-schrillen, absolut tragbaren jungen Kollektion. Hochwertige Accessoires (Schmuck z. B. von on aura tout vu, eine Linie, die sie in Deutschland exklusiv vertritt) und ausgefallene Schuhe von internationalen Designern runden das Angebot ab. Hier kleiden sich auch ab und an Künstler wie Sarah Connor, Bonita oder Udo Lindenberg für ihre Auftritte ein.

Stoffwechsel (E 7)

Buntentorsteinweg 33
Tel. 34 44 49
www.stoffwechsel-modedesign-bremen.de
Mo–Fr 10–18.30, Sa 10–14 Uhr
Haltestelle: Rotes-Kreuz-Krankenhaus
Drei junge Modedesignerinnen, jede mit ihrem eigenen Label, haben sich zum Atelier und Laden Stoffwechsel zusammengeschlossen. Mutig: die Wahl der Lage am Buntentorsteinweg, jenseits der Szenemeile. Doch ihre edlen Stoffe mit tollen Dekors, mal schlicht, mal aufwändig verarbeitet, haben ihnen bereits zu einer nicht kleinen Stammkundschaft verholfen.

Schmuck

dorte peymann Schmuckstücke (F 6)

Ostertorsteinweg 60
Tel. 334 97 90
www.peymann.de
Haltestelle: Theater am Goetheplatz
Di–Fr 11–19, Sa 11–16 Uhr
Die junge Goldschmiedin schafft wunderbar filigran-feminine Arbeiten aus Gold, Silber oder Platin mit Edelsteinen. Neben ihren eigenen Arbeiten präsentiert sie in ihrem Atelier am O-Way auch Stücke von Studienkollegen aus Hanau.

Goldschmiede Haarstick (F 5)

Fedelhören 97
Tel. 32 77 68
Fax 32 15 25
www.goldschmiede-haarstick.de
Mo–Fr 10–13, 15–18, Sa 10–13 Uhr
Haltestelle: Am Dobben
Seit 1874 gibt es die Goldschmiede Haarstick – vom Vater an den Sohn weitergegeben. Was nicht heißt, hier

wird klassischer oder antiquierter Schmuck gestaltet. Im Gegenteil: Peter Haarstick verarbeitet Gold, Weißgold, Platin und Edelsteine zu individuellen, modernen und spannenden Ringen, Colliers, Anhängern usw. Entscheidend ist für ihn, dass Schmuck und Trägerin miteinander harmonieren.

Schuhe

Avanti (F 6)

Ostertorsteinweg 16
Tel. 715 41
Mo–Fr 10.30–18.30, Sa 10.30–16 Uhr
Haltestelle: Wulwesstraße
Kleiner, edler Schuhladen mit ausgefallenen, aber super tragbaren Modellen von Lottusse, Panara, Castañer, Palladium und Armando Pollini.

Cäcilie Becker (F 5)

Fedelhören 66
Tel. 32 05 33
Mo–Fr 9–13, 15–18, Sa 10–13 Uhr
Haltestelle: Am Dobben
Wer das Geld hat und sich individuelles Schuhwerk leisten kann und will: Cäcilie Becker ist eine der wenigen Schuhmacherinnen, die Maßschuhe fertigen. Aber auch nur mal bei der Arbeit zuschauen ist möglich.

der schuh. (F 6)

Ostertorsteinweg 61
Haltestelle: Theater am Goetheplatz
Mo, Di 10–18, Mi–Fr 10–19,
Sa 10–16 Uhr
Edles Schuhgeschäft, einer der Vorreiter schöner Läden im Ostertor, mit ausgewählten, exklusiven Firmen wie miu miu, Helmut Lang, stephane kélian, und last but not least die australischen UGGs aus Lammfell, die man sommers wie winters tragen kann.

Johann'e (E 5)

Lloydhof
Mo–Fr 10–20, Sa 10–18 Uhr
Haltestelle: Obernstraße
Jung, ein bisschen flippig, von sportlich bis mondän – so könnte man die Schuhmode bei Johann'e beschreiben. Von Unisa und Lisa Tucci für das weibliche Geschlecht bis zu Dockers und Buffalo für die Herren reicht das Spektrum.

Second Hand

Mode Markt (F 5/6)

Auf den Häfen 28
Tel. 32 39 89
Haltestelle: Humboldtstraße/Am Dobben (7 Min. zu Fuß vom Hbf.)
Di–Fr 10–13, 15–18.30, Sa 11–14 Uhr
Karten: EC/Maestro, Euro/Master, Visa
Stehen Sie auf Designer-Klamotten, möchten aber nicht die horrenden Preise für First Hand zahlen? Der überschaubare Laden Auf den Häfen bietet eine ansprechende Auswahl an Damenkleidung hochkarätiger Labels als Second-Hand- oder Second-Season-Ware. Vertreten sind Edel-Couturiers wie Gaultier, Dolce & Gabbana, Jil Sander, Prada, Westwood etc.

Quasi Novo (F 6)

Am Dobben 58
Tel. 794 64 24
Haltestelle: Haltestelle: Humboldtstraße/Am Dobben (7 Min. zu Fuß vom Hbf.)
Karten: EC/Maestro
Leonore Martens hat sich ebenfalls auf hochkarätige Designermode von Prada, Gaultier etc. spezialisiert. Sie ergänzt ihr Sortiment mit passenden Teilen anderer Firmen – immer nach dem Credo schick, sportlich, elegant.

Barmann Claude aus der Lemon Lounge

Ausgehen

Bremen bietet einen bunten Mix aus ›alteingesessenen‹ Kneipen für Studenten, alternative Szenegänger – insbesondere im Viertel (Ostertor, Steintor), Discos für fast jeden Geschmack (überwiegend in Bahnhofsnähe), moderne oder klassische Bars und Lounges, alte und neue beliebte Ausgehviertel (Auf den Höfen, Schlachte) und manches mehr.

Kneipen etc.

Airport (F 6)

Am Dobben 70, Ostertor
tgl. ab 23 Uhr
Tel. 70 64 63
Haltestelle: Am Dobben
Zwischen Bar und Kneipe. Klingeln und man kann, muss aber nicht, den ultimativen Absturz proben. Hier dominiert der Stahl in einer Atmo zwischen Unterwasser und Flugzeug/Raumschiff. Treff der Nachtschwärmer im Viertel, die auch früh morgens noch nicht nach Hause möchten.

Café Grün (F 5)

Fedelhören 73
Tel. 32 63 36
tgl. ab 12 Uhr
Schräg gegenüber der Galerie der Gruppe Grün treffen sich in diesem Café-Bistro (Snacks und Getränke) immer wieder, aber nicht nur, junge Künstler.

Eisen (F 6)

Sielwall 9
Tel. 988 77 40
Mo–Fr ab 17.30, So ab 15 Uhr
Eine Institution im Viertel, kurz hinter der Sielwall-Kreuzung, sind Fernando und das Eisen. Die eher dunkle Kneipe zieht ein bunt gemischtes Publikum an. Ab und an Konzerte, Motto-Partys, Fußball etc.

Heartbreak Hotel (G 6)

Fehrfeld 30
Tel. 794 88 75
www.heartbreakhotel.de
tgl. ab 20 Uhr
Haltestelle: Sielwall
Nicht größer als ein Wohnzimmer, ein wenig verraucht, ein wenig ›verwohnt‹, u. a. mit Flugzeugsitzen – das ist das Heartbreak-Hotel, wo wechselnde DJs Musik auflegen.

Litfass (F 6)

Ostertorsteinweg 21
Tel. 70 32 92
tgl. 10–2, Fr/Sa bis 4 Uhr
Immer noch eine absolut angesagte Kneipe der Szene. Die locker-entspannte Atmosphäre – selbst nachmittags kann man hier noch frühstücken –, Mu-

sik und interessantes Publikum machen das Litfass zur Institution.

Schüttinger (E 6)

Hinter dem Schütting 12/13
Tel. 337 66 33
www.schuettinger.de
Mo–Do 12–24, Fr 12–2/3,
Sa 11–3/4, So 11–2 Uhr
Haltestelle: Domsheide
Die so genannte erste Bremer Gasthausbrauerei gibt sich zünftig-rustikal. Hier isst man deftige Brauhausspezialitäten oder Spare Ribs (5,90–10,90 €), und vor allem labt man sich am hausgebrauten hellen oder dunklen Bier (kleines Bier 1,70 €, großes 3,40 €). Insbesondere am Wochenende, wenn statt der Musik aus dem CD-Player ein DJ sein buntes Programm auflegt, geht es hier oft rund.

Waldbühne (G 2)

Parkallee (im Bürgerpark)
Tel. 21 74 15
Fax 223 80 80
www. waldbuehne.com

Markttreiben am Alex

Okay: Es ist eine Franchise-Kette. Aber die Atmosphäre hier – morgens mit Blick auf das bunte Markttreiben frühstücken oder nur einen Milchkaffee schlürfen, tagsüber relaxen oder abends sich unters Volk mischen. Hier stimmt es einfach.

Alex
Am Domshof 16
Haltestelle: Schüsselkorb
Tel. 32 26 70
Mo–Fr 8–1, Sa 8–3, So 9–1 Uhr
www.alexgastro.de

Haltestelle: Parkallee
Mo–Fr ab 12, Sa ab 11, So ab 10 Uhr
Im ehemaligen Waldschlösschen, ein gründerzeitlicher Reklamepavillon, ist heute eine Kneipe mit großem Biergarten. Innen, gemütlich mit viel dunklem Holz, alten Reklameschildern und Holzpferden an der Decke, trinkt man sein Bier, seinen Schoppen, isst vielleicht eine Kleinigkeit. Von Mai bis September ist der sonntägliche Frühschoppen (11.30– 14.30 Uhr) mit Live-Musik (Blues, Jazz) beliebt.

Zwo03 CaféBar (G 6)

Fehrfeld 58/59
Tel. 792 97 32
http://zwonulldrei.de
Ein Newcomer in der Bremer Szene, der sich binnen weniger Monate zum angesagten Treff gemausert hat. Das Zwo03 ist Bar und Café, Restaurant und Lounge – und manchmal Fußballkneipe. Gekocht wird mit frischen Zutaten, sodass man sich hier gut stärken kann, um den Abend einzuläuten.

Bars und Lounges

American Bar & Dining Watch (F 5)

Bahnhofsplatz 11, Bahnhofsvorstadt, im Hotel zur Post
Tel. 305 98 17
tgl. 17–2 Uhr
Haltestelle: Hauptbahnhof, ZOB
American Bar mit Cocktails, Bier und Snacks. Beliebt bei jungen Kinogängern, die nach einem Film im CinemaxX sich hier gerne treffen.

Binnen Bremer Bar (F 4)

Hollerallee 99, Findorff, im Maritim
Tel. 378 96 26
Mo–Sa 12–2, So 16–2 Uhr

Haltestelle: Blumenthalstraße, Hbf
Auch bei Bremern beliebte Bar im Maritim Hotel. Während Freimarkt oder Sechs-Tage-Rennen wird es hier richtig voll. Ab 22 Uhr Pianomusik. Bar-Speisekarte (4–15,50 €).

Bolero fresh (G 5)

Schwachhauser Heerstr. 17
Tel. 70 76 70
www.bolerobar.de
Haltestelle: Parkstraße
Mo–Sa 17 Uhr – open end (Küche Mo–Do 17–23 Uhr, Fr/Sa bis 24 Uhr), So 12 Uhr – open end
Hippe Latino-Bar mit großer ovaler Bartheke. Wer eine lange Cocktail-Nacht plant, kann sich auch kulinarisch stärken. Neuester Schrei ist das Büffet, wo es dampft und zischt: es wird mit kaltem Wasserdampf gekühlt. Man wählt und lässt in der offenen Küche zubereiten. Happy Hour 17–20 Uhr, angesagt ist die Happy Caipi Hour (23–1 Uhr).

Buddha-Bar (E 6)

Am Landherrnamt 5, Schnoor
Tel. 244 24 50
www.buddha-bar-bremen.de
So–Do 12–2, Fr/Sa 11–24 Uhr
Haltestelle: Domsheide
Buddha-Statuen in der sandfarben und blau gestalteten kleinen, aber feinen Bar deuten an: Hier gibt es nicht nur exzellente Cocktails, sondern auch Kombucha, Tees, Fruchtpürees etc.

Cubanissimo (G 6)

Vor dem Steintor 132–134
Tel. 794 17 72
www.cubanissimo.com
tgl. ab 18 Uhr (Küche bis 24 Uhr)
Haltestelle: Brunnenstraße
Cuban Feeling, gute Cocktails und gute Stimmung – das macht das Bar-Restaurant aus.

Hemingway's (J 4)

Schwachhauser Heerstr. 213
Tel. 223 97 02
So–Do 16–2, Fr/Sa 16 Uhr – open end
Haltestelle: Kirchbachstraße
Das Ehepaar Voss hat mit der Bar Hemingway's und dem nur ein paar Häuser weiter gelegenen Restaurant Tiffany in Schwachhausen zwei wunderbare Orte für's gepflegte Ausgehen und Genießen geschaffen. Das Hemingway-'s ist eine wunderschöne Bar mit alter Holztheke, warmen Terracottafarben, dekoriert mit alten Reklametafeln und Cocktail-Shakern. Überbordendes – und exzellentes – Angebot an Cocktails und Drinks. Die Karte verzeichnet nahezu 100 verschiedene Rum-Sorten! Und auch Essen kann man hier: Schmackhafte Küche zu zivilen Preisen: Hauptgerichte 5–13 €.

Lemon Lounge (F 5)

Am Wall 164
Tel. 514 88 55
Mo–Do 17–1.30, Fr/Sa 17–3 Uhr, So geschl.; Küche 18–23 Uhr
Sept./Okt.–April/Mai Mo–Do 12–1.30, Fr/Sa 12–3, So 12–1.30 Uhr, Küchenzeiten wie oben. Mo–Sa Mittagstisch
Haltestelle: Herdentor
Die Treppen hinauf zur Lemon Lounge erklimmt mancher zwar, um kleine asiatische Speisen zu genießen, doch vor allem kommt man hierher, um bei Kaffee oder Tee und natürlich gegen Abend bei Cocktails und dezenter Musik zu relaxen. Nicht ohne Grund wurde die Lounge 2003 zur Bar des Jahres gewählt. Vor allem die klassischen Cocktails sind beliebt, wer es fruchtiger mag, könnte den Mango Cooler probieren. Und auch Zigarrenfreunde werden versorgt. Im Sommer etwa alle zwei Wochen So Livemusik in Zusammenarbeit mit der Blue Moon Bar.

2raumlounge (F 5/6)

Auf den Häfen 12–15
Tel. 745 77
www.2raumlounge.de
Haltestelle: Humboldtstraße
tgl. 18 Uhr–open end
Küche 18–23 Uhr

In der Szenegasse Auf den Häfen erstreckt sich die Lounge über zwei Etagen. Hier gibt es Kunst (Ausstellungen, Lichtprojektionen), Drinks, Musik – und Essen kann man auch. Ab 2005 ist die 2raumlounge mit dem Restaurant Maschinenraum verbunden. Mi ist der Tag für Funk, Sa gibt es Jazz, am Wochenende legen Discjockeys auf, sodass es auf der Tanzfläche so richtig losgehen kann.

Meisenfrei (E 5)

Hankenstr. 18
Tel. 152 23
www.meisenfrei.de
Haltestelle: Am Brill
Kneipe: Mo–Sa ab 11, So ab 17 Uhr
Club: Mi–Sa 19 Uhr–open end, Konzerte in der Regel Fr/Sa Beginn 20–22 Uhr

Hier spürt man den Blues. Eine typische Blues-Kneipe kombiniert mit dem Club, in dem auch internationale Größen auftreten. Zum Wochenende wird es hier laut und voll. Blues-Fans kommen voll auf ihre Kosten. Do klingt's anders, dann legen die DJs New Metal, Crossover oder Crunch auf.

Highlight 2

Auf den Höfen (F 5/6)

Die Angaben variieren: Auf den Häfen oder Auf den Höfen. Fakt ist: Auf den Höfen ist eine kleine Kneipen-, Gastromeile, die von der Straße Auf den Häfen abzweigt. Sie variiert zwischen idyllisch und supervoll. In dieser Gasse reihen sich Restaurants, Bars und Lounges wie Perlen an der Schnur. Ob man direkt zu Beginn im Beluga einkehrt (www.beluga-bar.de, www.citybeat.de), gegenüber das Carnaval (als sei man in Brasilien) oder die angesagte 2raumlounge (s. S. 65) betritt, womöglich vorher im Maschinenraum ein wenig Crossover-Euroasiatisch speist – der Möglichkeiten sind viele. Hier beginnt das Leben eher etwas später, vor 20 Uhr macht es nicht viel Sinn, und geht dafür umso länger, besonders natürlich am Wochenende. Ganz zu schweigen vom Fest Auf den Höfen. Schön – und zumeist ein wenig ruhiger als auf der Schlachte – ist es hier auch im Sommer, Pflanzen, Lichterketten und Außenplätze schaffen eine angenehme Stimmung: von ruhig bis außerordentlich animiert. Das hängt von der Tagesform der Gäste ab. Auf den Höfen ist auf jeden Fall einen Besuch wert!
Haltestelle: Am Dobben

Casino

Casino Bremen (E 6)

Böttcherstr. 3–5
Tel. 329 00-0
Fax 329 00-105
www.casino-bremen.de
Tageskarte: 2,50 €
tgl. 17–3 Uhr (nicht an Karfreitag, 1. Mai, Volkstrauertag, Totensonntag, 24./25. Dez.
Mindestalter 18 Jahre, Ausweispflicht
Haltestelle: Domsheide

Im Casino gilt die klassische Kleiderordnung: die Herren sollten an Krawatte und Jacket denken, und dann kann es los gehen: Französisches Roulette, American Roulette, Black Jack. Zum Entspannen zwischendurch lässt sich an der Bar im Spiegelsaal ein Cocktail, ein Wein oder ein Bier genießen. Je nach Tisch und Spiel: Einsätze 2 bis 14 000 €. Mittwochs ist Ladies' Day: freier Eintritt, Getränk und Los.

Highlight 3

Die Schlachte (E 5)

Seit einigen Jahren hat sich die Schlachte (s. auch S. 92,113) insbesondere im Sommer zur angesagten Ausgehmeile entwickelt. Zahlreiche Restaurants/Bars/Lounges, selten genau einzuordnen, beleben hier die Weserfront. Edler, rustikaler oder hip – hier findet jeder etwas nach seiner Wahl.

Ob etwa das **Cargo** (www.cargo-bremen.de), das **Bolero,** das **Enchilada** mit Mexican Food (www.enchilada.de), die **La Habana Bar** (probate Kleidung, nicht zu jung, Türsteher), das **Moto** mit asiatischer Küche, das **Paulaner's** oder **Feldmann's Bierhaus** – es ist immer etwas los. Feiern und Spaß haben ist angesagt, doch verhungern muss hier niemand. Reizvoll sind die auf der Weser liegenden Schiffe, die teils auch Gastronomie anbieten. Im Sommer stehen Tische direkt vor den einzelnen Lokalen und dazu kommt ein riesiger **Biergarten,** der von den unterschiedlichen Häusern bewirtschaftet wird. Gerade im Sommer trifft sich hier fast alles. Hingehen und spontan entscheiden, wonach einem der Sinn steht.

Discos und Locations

Aladin & Tivoli (außerhalb M7/8)

Hannoversche Str. 9–11
Tel. 43 51 50, www.aladin-bremen.de
Haltestelle: Bhf. Hemelingen (DB Stadtexpress, Straßenbahn, Bus)
Das Aladin ist Großdisco und -spielstätte für Live-Konzerte im Bereich Blues, Hardrock, Rock, Metal. Fr ab 21 Uhr ›Aladin Classix‹, Sa ab 22 Uhr ›Bock auf Rock und Alternative‹. Das Tivoli versteht sich als Club-Disco, wo Konzerte stattfinden oder die DJs Techno, House, Jungle, Break Beats, Gothic etc. auflegen.

Beat Club (F 5)

Rembertiring 7–9
Tel. 04203/439 70
Do, Fr, Sa 22 Uhr – open end
Haltestelle: Hauptbahnhof
Der Name deutet es an: Hier werden nicht die neuesten Chart-Hits aufgelegt, sondern in der Tradition der legendären Sendung von Radio Bremen geht es hier mit Musik der 1950er–80er Jahre ab.

Kulturzentrum Lagerhaus (F 6)

Schildstr. 12–19, Ostertor
Tel. 70 14 61
www.kulturzentrum-lagerhaus.de
Im Lagerhaus gibt es regelmäßig Urban Jazz Groove vs. Slam Jam. Infos zu den Music-Events findet man unter www.ujg.de. Der Name sagt alles: Soul-Jazz, Deep Funk, schwarzer Rare Funk und Ghetto-Grooves.

Kulturzentrum Schlachthof (E/F 4)

Findorffstr. 51
Tel. 37 77 50
www.kulturzentrum-schlachthof.de
Haltestelle: Hbf, Messezentrum
Mit der ehemaligen Kesselhalle des Schlachthofs am Rand der Bürgerweide ist dieses alternative Kulturzentrum zu einer Institution in der Szene ge-

worden. Hier finden sich eine Kneipe, ein Theater- und Konzertsaal, eine Freilichtbühne u.v.m. Bei den Live-Musik-Veranstaltungen dominieren Hip-Hop, Crossover, World Music und A capella.

Lila Eule (F 6)

Bernhardstr. 10
Tel. 784 31
Haltestelle: Sielwall
Ja, die Lila Eule gibt es noch, bzw. wieder. Disco und teils Live-Programm mit Funk, Jazz und Soul (Fr); s. S. 111.

Modernes (D 6)

Neustadtswall 28
Tel. 50 55 53
www.modernes.de
Haltestelle: Hochschule Bremen
Das Modernes hat sich einen Namen gemacht als Veranstaltungsort für populäre Live-Musik, für Theater, Comedy etc. An den Wochenenden beliebter Treff wegen der Partys und Disco-Veranstaltungen. Öffnungszeiten und Programm aktuell erfragen.

Moments (G 6)

Vor dem Steintor 65
Tel. 792 66 33
www.momusic.de
Do–Sa 22–6 Uhr
Haltestelle: Sielwall
Disco und Kneipe (die längste Theke Bremens misst stolze 15 m). Das Moments veranstaltet wechselnde Events im Bereich Hip-Hop, House und Gay.

Römer (G 6)

Fehrfeld 31
Tel. 70 09 64
www.trenz.de/roemer
Di–Sa ab 22 Uhr
Haltestelle: Sielwall
Dies ist das Haus für schwarze Musik: Old School, Reggae, Hip-Hop etc.

Shagall (F 5)

Rembertiring 4
Tel. 32 12 04
Do–Sa und vor Feiertagen ab 22 Uhr
www.shagall.de
Haltestelle: Hauptbahnhof
In der Kellerdisco wird ein bunter Stilmix aufgelegt, Fr/Sa vor allem Rock, ansonsten: 1970–90er Rock und Pop, Blues und Mix. Ungestylte Leute über 30 fühlen sich im Shagall offensichtlich wohl.

Sinatra's Dancing (F 5)

Rembertiring 18
Tel. 32 85 85
www.sinatras.de
Fr, Sa und vor Feiertagen ab 22 Uhr
Haltestelle: Hauptbahnhof
Disco oder Tanzlokal? Hier ist man nie vor einer Überraschung sicher: mal werden Chart-Hits aufgelegt, mal Oldies, deutsche Songs und sogar mal Foxtrott. Hier trifft man nicht die ganz jungen Discogänger, sondern eher Leute ab 30 Jahre.

Nur Für Freunde – NFF

Eine der angesagtesten Locations in Bremen, nicht ganz preiswert. Über einige Stufen geht es in den ersten Stock in den Hauptraum der Disco mit großer Theke. Hier wird geredet, getrunken, getanzt. Wer es ruhiger mag, geht eine Etage höher in die kleine Disco mit Bar, wo die Atmosphäre chilliger ist.
NFF-Club (F 5)
Herdentorsteinweg 38
www.nffclub.de
Fr/Sa ab 22 Uhr, Di 19 Uhr
Bombay Lounge
Haltestelle: Herdentor oder Hbf

Stubu Musikkeller (F 5)
Rembertiring 21
Tel. 32 14 23 (tags), 32 63 98 (nachts)
tgl. ab 21 Uhr
www.stubu.de (Nov. 2004 im Aufbau)
Haltestelle: Hbf
Das Stubu ist urige Kneipe und Disco in einem mit ›Musikkeller‹, ›Coconut Club‹ (Black Music), ›Skyline‹ (House, Funk, Charts), ›Sixties‹ (ein bisschen Plüsch).

Rosige Zeiten (F 5)
Rembertiring 1
Tel. 32 77 87
Fr/Sa ab 23 Uhr
www.rosigezeiten.de
Haltestelle: Hbf
Mit der Rolltreppe geht es zum Tanzen – gespielt wird House! Hier legt der Kult-DJ Kolja Becker auf. Das Ambiente ist üppig, ganz in Rosa und Rot. Prima Location.

Tower (F 5)
Herdentorsteinweg 7a
Tel. 32 33 34
www.tower-bremen.de
Di, Fr/Sa ab 22 Uhr
Haltestelle: Herdentor oder Hbf
Das Ambiente ist ungewöhnlich, versetzt den Disco-Gänger in ein mittelalterliches Ambiente. Logisch, dass sich hier vor allem die Gothic-Szene tummelt. Aufgelegt wird nicht nur eine Richtung, sondern gemischt, u. a. Hip-Hop, Grunge, Wave und Alternative.

Konzert im Tower

Woody's (F 5)
Rembertiring 19
Tel. 32 68 37
www.woodys.de
Haltestelle: Hbf
Di–Do 22–3.30, Fr/Sa 22–5.30 Uhr
›Generationen‹ von Studenten kennen das Woody's. Die Musik pendelt zwischen Mainstream, Independent und Alternative. Gestylt geht's hier nicht zu.

Gay und Lesbian

Infos zu weiteren Locations, aber auch zu Partys etc. der schwul-lesbischen Szene gibt es unter:
www.bremen.gay-web.de

Bronx (F 5)
Bohnenstr. 1, Ostertor
Tel. 70 24 04
www.bronxbremen.de
tgl. ab 22 Uhr, Fr/Sa strictly gay
Haltestelle: Sielwall
Jeans- und Lederkneipe – natürlich in Schwarz gehalten, wo an der Bar eindeutige Filme laufen. Zusätzlicher CLubbereich mit Rückzugsmöglichkeiten. Einlasskontrolle.

Downtown (F 5)
Außer der Schleifmühle 49, Bahnhofsvorstadt
Tel. 32 35 34, 33 47 270
Mi, Fr–So, vor und an Feiertagen ab 23 Uhr
Haltestelle: Am Dobben, Rembertistraße
Das Downtown nennt sich eigentlich Table-Dance-Bar, ist aber eine Schwulendisco, die einzige in Bremen.

Kweer (F 6)
Theodor-Körner-Str. 1, Ostertor
Tel. 70 00 08
Di, Mi, Fr 20–1, Sa 17.30–19.30, 21–1, So 15–19 Uhr
Haltestelle: Sielwall
Das Kweer-Café im Rat & Tat Zentrum ist ein eher ruhiger Treff, um Leute kennen zu lernen.

Leo's (Innenstadt/F 5)
Rembertistr. 33, Bahnhofsvorstadt
Tel. 450 58 17
www.leosbar.de
tgl. ab 19 Uhr
Haltestelle: Rembertistraße
Modernes, dabei gemütliches Ambiente mit roten Sesseln – gern besuchte Gay-Lounge.

Unterhaltung

Shanty-Chor beim Festival Maritim in Vegesack

Feste und Feiertage

Offizielle Feiertage

1. Januar: Neujahr
25.3.2005,14.4.2006: Karfreitag
27./28.3.2005, 16./17.4.2006: Ostern
1. Mai: Tag der Arbeit
5.5.2005, 25.5.2006: Christi Himmelfahrt
15./16.5.2005, 4./5.6.2006: Pfingsten
3.10: Tag der Deutschen Einheit
25./26.12.: Weihnachten

Feste und Veranstaltungen

Eiswette 6.1.; s. S. 14

Bremer Sechs-Tage-Rennen
13.1.–18.1.2005, 12.1.–17.1.2006
Bis in die frühen Morgenstunden geht es in der Stadthalle (AWD-Dome) beim größten Hallenradrennen der Welt rund. Radsport, Unterhaltungsprogramm, in den Messehallen Music-Events und Catering (Ochsenbraterei).

Musikschau der Nationen
27.1.–30.1.2005, 26.1.–29.1.2006
Orchester, Musikgruppen und Solisten aus vielen Ländern präsentieren sich (AWD-Dome).

Bremer Karneval
28./29.1.2005, 17./18.2.2006
In der Innenstadt und im Ostertor dreht sich alles um Samba. Samstags ist der große Umzug der Samba-Gruppen.

Osterwiese
18.3.–3.4.2005, 7.4.–23.4.2006
Volksfest mit Fahrgeschäften und Buden – der kleine Bremer Freimarkt.

OUTNOW!
1.–12.6.2005, 1.–11.6.2005
Festival europäischer Theater-, Tanz-, Regie- und Filmschulen (Schwankhalle; s. S. 77).

Vegesacker Hafenfest
2.–5.6.2005, 2.–4.6.2006
Promenieren an der Uferpromenade in Vegesack, größere und kleinere Schiffe treffen sich hier. Rahmenprogramm.

Breminale
Anfang Juli 2005
Primär am Weserufer im Bereich des Osterdeichs stehen Zirkuszelte (Live-Musik), Jongleure, Gaukler treten im Freien auf, Freiluftkino, Großleinwand etc.

Sommer in Lesmona
1.–3.7.2005
Eine Institution in Bremen. Die Deutsche Kammerphilharmonie Bremen spielt in Knoops Park am Lesumufer. Ob Regen oder Sonnenschein: Man geht mit Picknickkörben, vielleicht Stühlen und Tischen hin (Eintrittskarte vorher bestellen) und lauscht der Musik.

Festival Maritim
5.–7.8.2005
Shanty-Fans etc. kommen im Vegesacker Hafen auf ihre Kosten.

La Strada
Mitte August
An vielen Stellen in der Stadt erlebt man Straßenzirkus aus aller Welt.

Bremer Theater-Sommer/ Shakespeare im Park
Die Bremer Shakespeare Company tritt im Bürgerpark auf.

Musikfest Bremen
27.8.–28.9.2005, Sept. 2006
An verschiedenen Spielstätten treten nationale und internationale Musiker auf. Besonders beliebt ist die Eröffnungsnacht ›Eine große Nachtmusik‹ mit diversen Konzerten rund um den illuminierten Marktplatz.

Weser-Inline-Tour
4.9.2005, 3.9.2006
Das Skate-Ereignis bundesweit: in sieben Etappen geht es auf Inlinern über 92 km entlang der Weser von Bremerhaven bis Bremen. Ca. 3000 Teilnehmer.

HipHop Worldchampionship
28.9.–2.10.2005
Highlight für HipHop-Fans in der Messe Bremen.

Freimarkt
14.–30.10.2005, 13.–29.10.2006
s. Highlight rechts

Weihnachtsmarkt
24.11.–23.12.2005, 30.11.–23.12.2006
Weihnachtliche Stimmung auf und rund um den Marktplatz. Lukullisches, Kunsthandwerkliches u.v.m. An der Schlachte findet zur selben Zeit (Beginn 26.11.2005, 2.12.2006) der Winterzauber statt: ein bisschen historisch, ein bisschen maritim und winterlich.

Tanz Bremen
März 2006
Bremer Tanztheater, freie Tanzszene und internationale Gastspiele.

Sail Bremerhaven 2005

Vom 10. Juni bis 14. August wird Bremerhaven zum Mekka der Windjammer und ihrer Freunde. Nähere Informationen zum Programm gibt's unter www.sail-bremerhaven-2005.de

Highlight 4

Freimarkt
14.–30.10.2005, 13.–29.10.2006
Bereits 1035 erhielt Bremen das Recht, zwei Jahrmärkte zu veranstalten, der einstige Herbstmarkt lebt bis heute als Bremer Freimarkt fort. Auf der Bürgerweide stehen modernste Fahrgeschäfte und Vergnügungszelte, bzw. -hallen (mit Programm), wo auch – wie an den

Eintrittskarten

Tickets für zahlreiche Veranstaltungen – von Eintrittskarten für Werder Bremen, über Theater, Musical etc. sind zum einen bei den Veranstaltern direkt, teils dort auch via Internet zu buchen. Darüber hinaus über **Nordwest-Ticket** (Tel. 36 36 36, www.nordwest-ticket.de) sowie über **TSC eventim Ticket** (www.eventim.de). TSC unterhält diverse Vorverkaufsstellen in der Stadt, u. a. bekommt man Karten im Kartenshop im Pressehaus (Ecke Langenstraße/Martinistraße, Tel. 367 14 90), und im Hauptbahnhof Ausgang Bürgerweide (Tel. 35 36 37) sowie bei der Tourist-Info Ecke Liebfrauenkirchhof/Obernstraße (Tel. 01805-10 10 300).

Auf dem Freimarkt, eines der Highlights im Bremer Event-Kalender

unzähligen Buden – für Speis und Trank reichlich gesorgt ist. Auf dem Marktplatz gibt es zeitgleich einen zweiten kleinen Freimarkt, der sich dem historischen Ambiente ein wenig anpasst. Am zweiten Samstag des Freimarkts findet der große Umzug mit über 100 Wagen, Musikgruppen, Vereinen statt (12 Uhr). In der Freimarktszeit stürzen sich Alt und Jung, Honoratioren wie Normalbürger ins Getümmel – es ist die ›fünfte Jahreszeit‹.

Das Bremer Theater

Das Bremer Theater ist ein Drei-Sparten-Theater mit Schauspiel, Oper und Tanztheater. Primäre Spielstätten der städtischen Bühnen sind das Theater am Goetheplatz, das Schauspielhaus, der Brauhauskeller und Concordia.
Infoline: Generelle Rufnummer für Informationen (wenn nicht im Folgenden gesondert angegeben): Tel. 36 53-0
Kartentel. 36 53-333
Karten für die Bremer Theater auch online über: www.bremertheater.de

Brauhauskeller (F 6)

Bleicherstr. 28
Haltestelle: Theater am Goetheplatz
Das kleine Theater (99 Sitzplätze) bespielt Räumlichkeiten einer ehemaligen Brauerei. Hier gibt es ein kleines Programm von Aufführungen, dazu Lesungen etc.

Concordia (G 5)

Schwachhauser Heerstr. 17
Haltestelle Parkstraße, Dobbenweg
Im Concordia präsentieren die Bremer Theater insbesondere experimentelle Stücke aller drei Sparten.

moks im Brauhaus (F 6)

Bleicherstr. 28
Tel. 36 53-440, -333

Kartentel. 36 53-345
Haltestelle: Theater am Goetheplatz
Im moks geht es um junges Theater für junge Leute und Kinder.

Schauspielhaus (F 6)

Ostertorsteinweg 57a
Haltestelle: Theater am Goetheplatz
Direkt hinter dem Theater am Goetheplatz liegt das Schauspielhaus, wo in der Regel Schauspiel und Tanztheater aufgeführt werden.

Theater am Goetheplatz (F 6)

Goetheplatz 1–3
Haltestelle: Theater am Goetheplatz
Das gerade in 2004 renovierte Theater am Goetheplatz ist die größte Spielstätte des Bremer Theaters. Das Programm umfasst die gesamte Bandbreite von Opern und Operetten über Musicals und Schauspiele bis zum Tanztheater.

Freie Theater

Madame Lothar – Travestietheater im Schnoor (F 6)

Kolpingstr. 9
Tel. 337 91 91
Fax 337 91 72
www.MadameLothar.de
tgl. Mi–Sa und vor Feiertagen ab 21.30 Uhr, Einlass 20 Uhr
Haltestelle: Domsheide
Im Lokal im Cabaret-Stil wird witzig-amüsantes Varieté geboten – natürlich auch von Madame Lothar selbst. Hinzu kommen aktuelle Gaststars.

Packhaustheater im Schnoor (E 6)

Wüste Stätte 11
Karten sind erhältlich unter:
Tel. 32 60 54, Fax 327 596
kartenbestellung@packhaustheater.de
an der Theaterkasse Di–Fr 11–13, Di–So 18–20 Uhr
www.packhaustheater.de
Haltestelle: Domsheide
Wer modernes Boulevard-Theater mag, ist hier richtig. Das Programm erweitern Gastspiele in den Bereichen Kabarett, Comedy, Chanson und Musik.

Schnürschuh-Theater (E 7)

Buntentorsteinweg 145
Tel. 55 54 10
Haltestelle: Gneisenaustraße
Kleines (99 Plätze) engagiertes Theater, das sowohl eigene Produktionen als auch Gastspiele auf die Bühne bringt.

Schwankhalle (E 7)

Buntentorsteinweg 112
Tel. 70 01 41
Haltestelle: Gneisenaustraße
Das Junge Theater ist für die Off-Produktionen in Bremen zuständig.

Theater am Leibnizplatz (E 6)

Leibnitzplatz
Tel. 50 03 33 (Di–Sa 15–18 Uhr)
Haltestelle: Leibnizplatz
Spielstätte der Bremer Shakespeare Company, die mit modernen Shakespeare-Inszenierungen Furore macht.

Bremer Stadtmusikanten

Bremen und die Stadtmusikanten gehören untrennbar zusammen. Und so gibt es von Mai bis Ende September auf dem Liebfrauenkirchhof So um 12 Uhr das Märchenspiel Bremer Stadtmusikanten nach den Gebrüdern Grimm.

Theaterschiff Bremen e.V. (E 6)

Schlachte (an der Wilhelm-Kaisen-Brücke)
Tel. 790 86 00
Haltestelle: Domsheide
Das Theaterschiff birgt im Schiffsbauch zwei Bühnen, auf denen vor allem Musicals, Komödien, aber auch Musikveranstaltungen stattfinden.

Kino

Großkinos

CinemaxX (E 4)
Breitenweg 27
Tel. 30 10 101 (Programmansage)
www.cinemaxx.de/Programm
www.cinemaxx.com
Haltestelle: Hbf
Beliebtes und zentral gelegenes Großkino mit zehn Sälen neben dem Überseemuseum. Nach der Vorstellung geht man gerne gegenüber ins American Bar and Dining Watch (s. S. 63).

CineStar Kristall-Palast (außerhalb M 8)
Hans-Bredow-Str. 9
Tel. 427 55 00
Vorstellungen tgl. ab 14 Uhr
Haltestelle: Gottfried-v.-Cramm-Straße
Eines der drei großen innerstädtischen Kinocenter in Bremen, gelegen in Bremen-Osterholz (im Bereich des Einkaufszentrums Weserpark) mit elf Sälen, Bars und Restaurants.

Picknick beim Konzert-Event Sommer in Lesmona

Cinespace (A 1)
Space Park Plaza 1
Tel. 500 99-0
www.cinespace.de
Haltestelle: Use Akschen
Supermodernes Kino mit zehn Sälen im Space-Park-Komplex.

Programmkinos
Die Kinos Atlantis, Gondel und Schauburg sind die Bremer Filmkunsttheater. Programminformationen finden sich auf der gemeinsamen Website: www.bremerfilmkunsttheater.de

Atlantis Filmtheater (E 6)
Böttcherstr. 4
Tel. 32 45 46
Haltestelle: Domsheide

Gondel (J 4)
Schwachhauser Heerstr. 207
Tel. 21 48 42
Haltestelle: Kirchbachstraße

Schauburg (G 6)
Vor dem Steintor 114
Tel. 79 25 50
Haltestelle: Brunnenstraße

Kino 46 (D 2/3)
Waller Heerstr. 46, Walle
Tel. 387 67 31
tgl. 18, 20.30, Fr/Sa auch 22.30, So auch 16 Uhr
Haltestelle: Gustavstraße
Programmkino im Medienzentrum Bremen, wo experimentelle Filme, Klassiker und Festival-Entdeckungen gezeigt werden. Immer wieder finden auch Gespräche mit Regisseuren statt.

Konzerte etc.

AWD Dome (Stadthalle; F 4)
Bürgerweide
Tel. 691 81 81
www.stadthalle-bremen.de
Haltestelle: Messezentrum, Hbf
Ob die Bremer jemals den neuen Namen der traditionsreichen Stadthalle akzeptieren werden? Der neue Name ist der Preis für das Sponsoring der großen Um- und Erweiterungsmaßnahme, die 2003/04 erfolgte. In der Stadthalle finden Großveranstaltungen statt: vom Bremer Sechs-Tage-Rennen über Reit- und Springturniere bis hin zu großen Konzerten und – teils im Verbund mit dem angrenzenden Messe- und Congress-Centrum CCB – Messen und Kongresse.

Die Glocke (E 6)

Domsheide 4/5
Haltestelle: Domsheide
Ticketservice: 33 66 99
Das für seine ausgezeichnete Akustik im Großen Saal gerühmte Konzerthaus wurde 1997 saniert. Im Art-Déco-Stil gehalten, gilt es als eines der schönsten Konzerthäuser Norddeutschlands. Der Schwerpunkt liegt auf klassischer Musik, aber auch Chansons, Jazz, Pop, Lesungen und vieles mehr werden hier geboten.

KITO (Karte Bremen-Nord)

Alte Hafenstr. 30 (Bremen-Vegesack)
Kartenbestellung über:
Tel. 65 48 48
Fax 65 47 71
über die Website
www.kitoinbremen.de
im KITO Di–Fr 15–19 Uhr
Haltestelle: DB Bahnhof Vegesack
Das KITO im ältesten Bremer Packhaus präsentiert Konzerte (Jazz, Folk, Blues bis Klassik), Kabarett etc.

Musical-Theater (F 5)

Richtweg
Das Musical-Theater wird z. Zt. unterschiedlich bespielt.

Pier 2 (A 1)

Gröpelinger Fährweg
Tel. 691 81 81
www.pier2.de
Haltestelle: Use Akschen
Dank der neuen Straßenbahnanbindung ist die Location nun gut zu erreichen. Pier 2, im Hafen der Stadt, bietet ein ungewöhnliches Ambiente. Hier finden Rock- und Popkonzerte statt, aber auch Partys, Ausstellungen etc.

Stadthalle Bremen

s. AWD Dome

Sportveranstaltungen

Bremer Sechs-Tage-Rennen: s. S. 70

Galopp-Rennbahn (M 6)

Vahrer Straße 219
Tel. 43 63 16, Fax 4 67 70 05
www.galopprennbahn-bremen.de
Haltestelle: Rennplatz
Hochkarätige Rennen bestimmen von April bis Oktober den Jahresablauf auf der Galopprennbahn. Termine bitte erfragen.

Kampmann Pferdesport Festival / Euroclassics

AWD Dome (Stadthalle; F 4)
Bürgerweide
Haltestelle: Hbf oder Messe-Zentrum
Kampmann Pferdesport Festival:
24.–27.2.2005, 23.–26.2.2006
Euroclassics:
29.9.–2.10.2005, 28.9.–1.10.2006
Bremen ist stolz, Veranstaltungsort dieser beiden hochklassigen Veranstaltungen rund um den Pferdesport zu sein.

Werder Bremen (H 7)

Am Weserstadion 7
Service-Hotline: 01805/93 73 37
Ticket-Center und Fan-Shop: Mo–Fr 10–18, bei Heimspielen Sa ab 11, So ab 15 Uhr
www.werder-online.de
Haltestelle: St.-Jürgen-Straße (Linie 2, 3, 10)
Nicht erst seit dem Doppelsieg Werder Bremens 2004 ist Bremen fußballbegeistert. Mit der Modernisierung des Weserstadions hat Bremen heute ein Top-Stadion mit über 43 000 Plätzen inklusive VIP-Bereich – eine Spielstätte nicht nur des Fußballs, sondern auch für Großkonzerte der Superklasse. Für Werder-Fans: seit 2004 gibt es hier auch ein Werder-Museum.

Das Kindermuseum

im Haus Riensberg des Focke-Museums
Schwachhauser Heerstr. 240
Tel. 361 35 75
www.focke-museum.de
Di 10–21, Mi–So 10–17 Uhr
Eintritt: 4 €, ermäßigt 2 €
Haltestelle: Focke-Museum

Im Haus Riensberg (Wiedereröffnung Ende Februar 2005) ist dem Thema »Kinderleben – Kinderspiel« großzügiger Raum gewidmet. Hier können Kinder erfahren, wie ihre Altersgenossen in früheren Zeiten lebten. Neben den Schauobjekten gibt es Medienstationen, wo man sich selbst Informationen zu einzelnen Objekten und Themen abrufen kann. Eine Spielecke gehört natürlich ebenfalls dazu. Um das Infoangebot optimal nutzen zu können, sollten die Kinder 8–12 Jahre alt sein, doch mit Hilfe der Eltern erschließt sich diese Welt auch den Kleineren.

Noch mehr Drinnen

Ein echtes Highlight – nicht nur für Kinder – ist ein Besuch im **Universum® Science Center** (s. S. 100). Auch das **Überseemuseum** (s. S. 100) ist etwas für Groß und Klein. Wer den Kindern einen **Dom-Besuch** (s. S. 91) schmackhaft machen möchte, könnte eine Turmbesteigung und die Suche nach der armen steinernen Kirchenmaus dabei einbauen.

TOWABU Indoor-Erlebniswelt

Julius-Faucher-Str.
Tel. 308 06 33
tgl. 10–20 Uhr (1. Montagabend im Monat nur Erwachsene)
Haltestelle Julius-Faucher-Straße

Hier finden sich auf 4000 m^2 tolle Möglichkeiten für Kinder und ihre Eltern. Kletter- und Spielgeräte, Trampoline, Hüpfburgen, Go-Cart-Strecken, Kletterwände, Basketball etc., aber auch Billard oder Tischtennis. Ideal, wenn mal Bremer Schmuddelwetter herrscht und die Kids sich richtig austoben sollen.

An der frischen Luft

Streifen Sie mit ihren Kindern doch durch den **Bürgerpark** (s. S. 101), besuchen dort das Tiergehege oder mieten am Emmasee ein Ruderboot, um den Park zu Wasser zu erkunden.

Ebenfalls nett ist ein Ausflug zum **Jürgenshof** (s. S. 45) in der Pauliner Marsch: spazieren gehen (okay, sind die Kleinen nicht immer wild drauf), Pferde oder Kühe schauen und bei schönem Wetter auf der Terrasse des Jürgenshof ein Eis schlecken. Direkt nebenan, allerdings Zugang Nähe Weserstadion, ist der **Sportgarten** (s. S. 79).

Mal was anderes ist auf jeden Fall auch (in der Saison) eine **Torfkahnfahrt** (s. S. 22). Die Tagestouren sind für Kinder vielleicht zu lang, aber warum nicht mit dem Torfkahn ab Martinianleger zum Universum® Science Center fahren, dies besichtigen und dann entweder wieder per Kahn oder aber per Bus zurück. Einkehren kann man so oder so dann prima im Haus Am Walde (s. S. 48).

Und für Märchenfans: gehen Sie zum **Märchenspiel ›Bremer Stadtmusikanten‹** (s. S. 73).

Ausflug nach Bremerhaven

Hier gibt es den **Zoo am Meer** mit Spielplatz, das **Schifffahrtsmuseum,** das **Schaufenster Fischereihafen** oder auch die Möglichkeit einer **Hafenrundfahrt** (s. S. 22).

Aktiv in Bremen

Weser-Inline-Tour von Bremen nach Bremerhaven

Freizeitsport

Golf

In Bremen und seinem Umland steht Golf hoch im Kurs. Kein Wunder also, dass in Bremen selbst drei Golfclubs bestehen. Clubfremde Spieler müssen einen DGV- oder VCG-Ausweis vorlegen. Auf einigen Plätzen darf nur mit Softspikes gespielt werden.

Club zur Vahr e.V.
Bürgermeister-Spitta-Allee 34
Tel. 20 44 80
www.club-zur-vahr-bremen.de
Die Golfabteilung des Club zur Vahr verfügt über zwei Plätze:
Golf-Platz In der Vahr
Anschrift s.o.
Neun-Loch-Platz, Driving Range, Par 72, Handicap 54. Greenfee 30 € (Schüler und Studenten zahlen die Hälfte), bei Wintergrün 15 €.
Golf-Platz Garlstedter Heide
Am Golfplatz 10
27711 Garlstedt
Tel. 04795/95 42 58
Der anspruchsvolle 18-Loch-Platz außerhalb der Stadt zählt zu den schönsten Europas, nach grundlegender Sanierung wurde er im August 2004 wieder eröffnet. Par 73/74, Handicap 36. Gäste können Di erst ab 16.30 Uhr und Mi nicht zwischen 10 und 13 Uhr spielen. Greenfee Mo–Fr 35 €, Sa/So/feiertags 45 € (Schüler und Studenten zahlen die Hälfte), bei Wintergrün 22,50 €, nur Driving Range 5 €. Bespielung nur mit Softspikes.

Golfclub Bremer Schweiz e.V.
Wölpscher Str. 4
Tel. 609 53 31
www.golfclub-bremerschweiz.de
18-Loch-Anlage, Par 72. Greenfee auf Sommergrüns Mo 20 €, Di–Fr 30 €, Sa/So 35€; Wintergrüns Mo 15 €, Di–Fr 25 €, Sa/So 30 €. Driving Range 5 €.

Golf-Club Oberneuland e.V.
Heinrich-Baden-Weg 25
Tel. 25 92 21
www.golf-club-oberneuland.de
18-Loch-Platz, Par 71, Handicap 36. Greenfee Mo–Fr 30 €, Sa/So/feiertags nur in Begleitung von Mitgliedern 40 €, Driving Range 10 €. Jugendliche, Studenten und Auszubildende bis zum 27. Lebensjahr zahlen die Hälfte.

Weitere Clubs in der Umgebung
Achimer Golfclub
Roedenbeckstr. 55
28832 Achim
Tel. 04202/974 00
www.achimer-golfclub.de
Neun-Loch- und 18-Loch-Platz

Golfclub Worpswede e.V.
Giehlermühlen
27729 Vollersode
Tel. 04763/73 13
www.golfclub-worpswede.de
Auf dem Geeströcken am Teufelsmoor in der Nähe des Künstlerdorfes Worpswede gelegener 18-Loch-Platz. In der Jagdsaison ist der Platz gesperrt.

Skaten

Bremen ist eine der deutschen Hochburgen des Skatens. Inline-Skater tummeln sich insbesondere auf den asphaltierten Wegen auf der Weserinsel (Werderinsel) und im Bereich des Kuhgrabens bis hin zum und am Wümmedeich. Wer keine Inliner dabei hat und doch fahren will, wende sich an

Happy Skater
Tel. 790 12 00 (10–18 Uhr),
www.happyskater.de
Da ein neues Büro und evtl. auch neue Verleih-Standorte eröffnet werden sollen, bitte aktuelle Verleihstationen abfragen.

Sportgarten (H/J 7)
Sommerdeich 88 (neben Weserstadion)
Tel. 491 92 15
Haltestelle: Stader Straße
Mo–Fr 9–13 für Schüler, 13–22 Uhr öffentlich, Sa/So 11–22 Uhr
bis 18 Jahre 1,50 €, Erwachsene 3,50 €, Schüler/Studenten/Auszubildende 2,50 € für ganztägige Nutzung
Es stehen Bereiche für Inline-Skater ebenso wie für Skateboarder zur Verfügung. Wer die Kletterwand nutzen will, muss sich anmelden bzw. den Nachweis erbringen, dass er erfahren ist. Skates, Boards und auch Material für die Kletterwand können entliehen werden (1,50–3,50 €). Außerdem gibt es Volleyball-, Basketball- und Fußballfelder.

Der etwas andere Golfclub

Golfclub Lilienthal
Erste Landwehr,
28865 Lilienthal
Driving Range tgl. 9–19 Uhr
Greenfee Mo–Fr 15 €,
Sa/So/feiertags 20 €. Die Benutzung der Driving Range ist gebührenfrei (Bälle sind zu zahlen). Verkauf der Greenfee Karten Mo–Fr 17–19, Sa/So/ feiertags 14–18 Uhr im Clubhaus.
www.golfclub-lilienthal.de
Ansprechpartner:
1. Vorsitzender Dr. Fritz-Martin Müller, Einstmannstr. 1A, 28865 Lilienthal, Tel. 04298/ 83 17, E-Mail: fmmueller @golfclub-lilienthal.de
Dieser junge Club geht andere Wege. Gegründet haben ihn der Verein für Behinderte e.V. in Lilienthal und der Golfclub Lilienthal e.V. mit dem erklärten Ziel, Golf hier nicht als elitären Sport, sondern für jedermann – und auch speziell **Behinderten** – zu ermöglichen. So dürfen Rollstuhlfahrer aufs Grün, übliche elektrische Golfwagen stehen zur Verfügung ebenso wie Wagen für Einzelpersonen. 2004 wurde die Neun-Loch-Anlage eingeweiht, im Frühsommer 2005 werden elf Löcher spielbar sein. Das Clubhaus ist noch ein Provisorium. Platzreife und eine Clubmitgliedschaft (DGV, VCG) genügen.

Skateboardanlage
Auf dem Bahnhofsvorplatz (F 5) und auf der Bürgerweide, Am Schlachthof (E/F 4; Haltestelle Theodor-Heuss-Allee)

finden Skateboarder einige kleinere Rampen, Pipes etc.

Joggen

Jogger finden in Bremen diverse reizvolle Areale. Beliebt sind, da direkt in der Stadt gelegen, der Bürgerpark und die Wallanlagen. Daneben bieten sich natürlich dieselben Strecken wie für Inline-Skater an: Weserinsel, Kuhgraben und Wümmedeich.

Radfahren

In Bremen wird gern und viel Rad gefahren. Besonders schön sind Touren auf der Weserinsel oder via Kuhgraben hinaus zum Wümmedeich ins Blockland. Fahrradverleih s. S. 21.

Schwimmen

Neben einer ganzen Reihe von Frei- und Hallenbädern bietet Bremen eine Palette von Badeseen an.

Unter **www.bremer-baeder.de** werden alle **öffentlichen Frei- und Hallenbäder** vorgestellt – mit aktuellen Öffnungszeiten und Eintrittspreisen. Das **Stadionbad** wird voraussichtlich 2005 umgebaut und um einige Attraktionen bereichert.

Achterdieksee (außerhalb M 4)
Oberneuland
Haltestelle: Erkelenzerstraße
Im Westbereich des kleineren Sees gibt es eine Badebucht. Samstags wird hier gerne gegrillt – macht Spaß, kann aber auch stören. Nichtschwimmerbereich, Rettungswache Achterdieksee, DLRG-Haus.

Stadtwaldsee (Uni-See; G 1)
Haltestelle: Munte und dann durch den Wetterungsweg vorbei am Haus am Walde
Am Rand von Bürgerpark und Stadtwald sowie des Technologieparks der Universität gelegen, erfreut sich dieser See nicht nur bei Studenten großer Beliebtheit. Ab und an finden hier auch Konzerte statt. Hier könnte es 2005 etwas unruhiger werden, falls der Technologiepark Richtung See erweitert wird. Nichtschwimmerbereich, Einstieg für Surfer, DLRG-Station.

Werdersee (F/G 8)
Haltestelle: keine direkte Möglichkeit; Linie 4, 5 bis Kirchweg und dann zur Weser und durch den Deichschart zum Strand.
Angelegt als Erholungssee bildet der Werdersee die Verlängerung der ›Kleinen Weser‹. Der Badebereich liegt auf der Stadtwerder-Seite des Sees. Nichts für Ruhesuchende, hier ist stets viel los. Segler, Ruderer, Familien mit Kindern ebenso wie alle anderen tummeln sich hier. Nichtschwimmerbereich, DGLR-Station.

Surfen

Bremen liegt zwar nicht am Meer, aber auf dem Unisee (Stadtwaldsee, G 1) wird gesurft. Der Surfshop Charchulla bietet in der schönen Jahreszeit (Mai–Sept./Okt.) dort auch Kurse an. Schnupperkurs (2 Std.) 29 €, Vollkurs (12 Std.) 119 €, Kontakt:
Surfshop Charchulla (F 6)
Ostertorsteinweg 48
Tel. 32 33 50
www.surfshop-charchulla.de
Der Shop hat Mo–Fr 11–19, Sa 10–16 Uhr geöffnet.

Wellness & Fitness

Body'motion (F 5)

Breitenweg 15 (Rückseite Hotel zur Post)

Tel. 163 37 97
Mo–Fr 7–22, Sa 8–20, So 8–18 Uhr (an Feiertagen reduzierte Öffnungszeiten)
Tageskarte Sauna/Schwimmbad/Wellness: 14 €
Hier kann man die Seele baumeln lassen und den Körper entspannen und fit machen. Body'motion verfügt über zwei finnische Saunen, ein Dampfbad, ein Farblichttherapiebad, Tepidarien, Solarium, Pool. Darüber hinaus gibt es einen Fitness-Raum mit Geräten, Kurse werden angeboten, und man kann ein breit gefächertes Angebot an Kosmetikbehandlungen, Massagen etc. (nicht inklusive) buchen.

OASE im Weserpark (außerhalb M 8)

Hans-Bredow-Str. 17
Tel. 427 47 17
tgl. 10–23, Fr/Sa bis 24 Uhr
Tageskarte Mo–Fr ermäßigt 14,50 €, Sa/So 18,50 €; Kinder 4–10 Jahre 11 €, pro Kind 1 Erw. Begleitung, nicht für Kinder unter 4 Jahren
Haltestelle: Weserpark
Die OASE zählt weltweit zu den führenden Wellnessanlagen. Das Angebotsspektrum unter dem Glasdach ist enorm: verschiedenste Saunen, Dampfbäder, Tepidarium, Thalasso, Nordisches Saunadorf, Schwedische Sauna, Kelo Sauna, Erdsauna und vieles mehr. Dazu kommt der Wellness- und Fitnessbereich, kommt ein breites Angebot an Massagen, von klassischer Massage über Hammam-Massage, Hawaiianische Massage, Thailändische Massage, Abhyanga etc. bis zu diversen Zeremonien (Luga, Rasual) und Kosmetikangeboten (separat berechnet).

Shanti (F 6)

Kreftingstr. 20
Tel. 794 72 25
Mobil 0160-806 33 69
www.massagezentrum-shanti.de
ayurveda@massagezentrum-shanti.de
Termine nach Vereinbarung
Das indische Massagezentrum Shanti bietet in entspannter, traditioneller indischer Atmosphäre verschiedene Varianten von Massagetechniken, die teils westliche und östliche Techniken verbinden, an: traditionelle indische Massage, ayurvedische Massage, GEM (energetische Massage), Tantra meditativ sowie Teilmassagen. Preise ab 45 € (Gesichts-Kopfmassage, 45 Min.) bis 140 € (Tantra meditativ). Die Balance zwischen Körper, Seele und Geist steht im Zentrum der Massagen.

WellX Entspannungswelten (E 5)

Obernstr. 20, 1. Stock
Tel. 244 63 63
Mo–Fr 12–19, Sa 12–17 Uhr und n. V.
Haltestelle: Obernstraße
Gut geeignet für die kurze Entspannung zwischendurch: z. B. Kurzmassage auf einem Spezialstuhl oder sich für eine Viertelstunde in der Dream World verlieren. Preise ab 4 € (15 Min. Space World). Zum Angebot gehören auch Hot Stone Massage, Tuina-Massage (Massagen ab 9 € für 10 Min. bis z. B. 47 € für 50 Min.).

Spa'rks (F 4)

Bürgerpark, im Parkhotel
Tel. 34 08-0
tgl. 7–22.30 Uhr
Haltestelle: Bürgerpark
Edel – und für Nicht-Hotelgäste bzw. für Nicht-Clubmitglieder nur nutzbar, wenn man im Grandhotel im Falle der Verfügbarkeit ein Tageszimmer zu 85 € bucht. Dann steht der Entspannung indes nichts mehr im Wege. Näheres s. Parkhotel S. 33.

Sehenswert

Bürgerliche Prachtentfaltung: Giebel der Stadtwaage

Bremen ist die Stadt der kurzen Wege. Die wichtigsten Sehenswürdigkeiten und sogar die Ausgehviertel sind bequem zu Fuß vom Stadtzentrum bzw. dem Hauptbahnhof aus zu erreichen. Zentrale Haltestellen von Bahn und Bus, so man nicht im Zentrum wohnt, sind Hauptbahnhof, Herdentor, Schüsselkorb, Domsheide und für den Bereich Schlachte die Haltestelle Am Brill.

Die **Weser** teilt Bremen in zwei Teile, wobei sich die Sehenswürdigkeiten rechts der Weser konzentrieren. Hier liegt die Altstadt – und auch die Szene tummelt sich primär rechts vom Fluss. Die Straße Am Wall verläuft entlang der Wallanlagen entsprechend der einstigen Stadtmauer. Auf der Weserinsel mit Teerhof und Neuem Museum Weserburg finden sich im weiteren Verlauf gen Süden Spazierwege, Rudervereine und ein Strandbad, das Café Sand.

Stadtviertel

Die Altstadt (E/F 5/6)

Die Altstadt, das Ursprungsgebiet Bremens, erstreckt sich zwischen Weserufer und Wallanlagen. Hier befinden sich der Marktplatz, Rathaus und Roland, der Dom, Böttcherstraße und Schnoor ebenso wie die Haupteinkaufsstraßen und viele Büros.

Findorff (E/F 3)

Benannt nach dem Moorkommissar Jürgen Christian Findorff (1720–92), besaß der Stadtteil ab 1826 einen kleinen Binnenhafen, um den Torf zu verladen, der via Hamme und Torfkanal (erbaut 1816/17) aus dem Teufelsmoor (Worpswede; s. S. 104) als Brennmaterial nach Bremen verschifft wurde. Letzte Relikte entdeckt man noch im Bereich Findorffallee/Ecke Eickedorfferstraße. Findorff hat einen schönen Wochenmarkt (Findorffmarkt).

Neustadt (D/E 5–8, F/G 7/8)

Auf der linken Weserseite legte man um 1623–25 im Bereich der heutigen Neustadtcontrescarpe und des Neustadtswall eine Befestigung ähnlich der auf der Altstadtseite an. Nach ihrer Schleifung entstanden in der Neustadt Arbeiterviertel, aber auch Wohnquartiere des Mittelstands. Hier lebten und arbeiteten die Zigarrenmacher – und die Bierbrauer. Die handwerklich-industrielle Tradition belegen noch heute die Produktionsstätten der Brauerei Beck & Co., von Jacobs-Suchard (Kraft Foods) etc.

Oberneuland mit Rockwinkel

Diese beiden bei der Kultivierung des Hollerlandes (s. S. 12) entstandenen Siedlungen bzw. Dörfer sollten zu einer beliebten Sommerfrische wohlhabender Bremer werden. Gutshäuser, herrschaftliche Landsitze entstanden ab dem 19. Jh. Viel Grün prägt diesen Stadtteil, etwa der Heinekens Park oder das Landhaus Höpkens Ruh und sein Park (beide s. S. 101).

St. Magnus (Bremen-Nord)

St. Magnus kam 1939 zu Bremen. Den Stadtteil prägen entlang der Lesum großzügige Villen, ab dem 19. Jh. von wohlhabenden Bremern erbaut, und Knoops Park (s. Tour 5, S. 116). Im Sommer, gleich, ob das Wetter gut oder schlecht ist, strömt alles hierher, um am Sommer in Lesmona teilzunehmen (s. S. 70).

Highlight 5

Schnoor (E 6)

Der idyllisch-pittoreske Schnoor ist das älteste Stadtviertel Bremens. Einst Viertel der Seeleute, Fischer und einiger Handwerker, die im Bereich des Weser-nebenlaufs Balge, dem ersten Hafenbecken der Stadt, lebten, trifft man hier heute neben alteingesessenen Bewohnern vor allem Künstler und Kunsthandwerker. So prägen Kunsthandwerks- und Antiquitätenläden, nette Cafés und Restaurants die Gegend. Der Name Schnoor bezeichnet zum einen das kleine Altstadtviertel und insbesondere die schmale Gasse **Schnoor.** Der Name Schnoor (= Schnur) bezieht sich auf die kleinen Häuser, die sich hier wie Perlen an einer Schnur reihen. Verwinkelte, winzige Gassen durchziehen das Viertel. Teils klingen ihre Namen kurios, doch manch einer lässt sich erklären. **Stavendamm** bezieht sich auf die Badestuben im alten Viertel (s. S. 109), **Wüste Stätte** erinnert an eine nach einem Brand im 17. Jh. lange brach liegende Fläche, **Marterburg** hat nichts mit Folter zu tun, sondern mit Matten, das waren die Mehlsilos der Müller. In der Marterburg errichtete der Achitekt Thomas Klumpp übrigens moderne, farbenfrohe Häuser – fast so schmal wie die originalen Häuser im Schnoor. Hier seien jedoch einige der alten Häuser erwähnt: In Lange Wieren 13 befindet sich der **Gasthof Kaiser Friedrich** von 1635 (s. S. 46), Stavendamm 15 birgt das **Schiffer-Haus** von 1630. **Schnoor 9,** wo sich heute eine Goldschmiede befindet, stammt von 1621, **Schnoor 15,** im Jahr 1512 über einem mittelalterlichen Kellergewölbe erbaut ist das älteste Haus im Viertel (Fassade um 1600). Und wer am Schnoor 38 durch ein **Renaissanceportal** in eine winzige Gasse tritt, gelangt zum **Katzencafé** (s. S. 40). Daran schließt sich die Wüste Stätte an, an der auch das **St.-Jacobus-Packhaus** (s. S. 99 und Tour 1, S. 108) liegt. Unbedingt lohnt sich auch ein Blick in die bildschöne kleine Gasse **Hinter der Balge.** In der **Kolpingstraße 4/6** (heute Kolpinghaus) erinnert eine Gedenktafel an die Synagoge, die einst hier stand. Im Schnoor lag früher auch ein Franziskanerkloster und liegt die von den Franziskanern erbaute **St. Johannis-Kirche** (s. S. 91). Die Klostertradition wieder aufgegriffen haben die Nonnen von **St. Brigitta** (Kolpingstr. 1c). (Skulpturen s. Tour S. 108).

Schwachhausen (G–K 2–4, G–J 5)

Das ehemalige Marschenbauerndorf entwickelte sich ab der zweiten Hälfte des 19. Jh. in ein vornehmes Wohngebiet mit Villen und großzügigen Bremer Häusern. Die Villenarchitektur dominiert an der parallel zum Bürgerpark (s. S. 101) verlaufenden Parkallee, an

Schwachhauser Heerstraße und Schwachhauser Ring. Schöne Bremer Häuser finden sich z. B. im Bereich der Straßen Am Barkhof und Slevogtstraße.

Überseestadt (A/B 2/3)

Das Areal des ehemaligen Freihafens und des – zugeschütteten – Überseehafens heißt heute Überseestadt. Hier befindet sich der Großmarkt, doch insgesamt scheint es eine städtebauliche und kulturelle Brachlandschaft zu sein. Seit der Restaurierung des Speichers XI (s. S. 94) bewegt sich, nicht zuletzt dank der Hochschule für Künste, etwas.

Vegesack (Karte Bremen-Nord)

Vegesack gehört zu Bremen-Nord. Hier legte Bremen 1619 den ersten künstlichen Hafen Deutschlands an. Das Städtchen (seit 1804 zu Bremen) erlebt seit den Werftschließungen (A.G. Weser 1983, Bremer Vulkan 1996) einen Niedergang. Dennoch hat der Stadtteil ein gewisses – maritimes – Flair. Interessant ist der Bereich der Weserpromenade bis zum Utkiek (nicht zu verfehlen dank des Bronzeabgusses eines Walkiefers), dem Restaurant Havenhaus (früher Sitz des Hafenmeisters) und dem Segelschulschiff Deutschland (s. S. 93). Diverse Fischlokale mit Außenplätzen verlocken zur Einkehr und Beobachtung des Schiffverkehrs auf der Weser.

Walle (C/D 1–3 und D 4)

Einst ein Dorf mit Rittergut (1139 erstmals erwähnt), wandelte sich der Bremer Stadtteil gegen Ende des 19. Jh. in ein Arbeiterviertel, geprägt von Industrie- und Hafenanlagen. Spuren der linken Bremer Arbeitertradition findet man auf dem Waller Friedhof, wo die Toten der Räterepublik ruhen und mit dem Volkshaus (Hans-Böckler-Str./Ecke Auf dem Kamp). Die Skulpturen an der Fassade der früheren Gewerkschaftszentrale (erbaut 1926–28) schuf Bernhard Hoetger. Von den Nationalsozialisten zerstört, gestaltete Manfred Lohrengel einige der Skulpturen nach.

Das Viertel (F/G 5/6)

Ostertor und Steintor in der Östlichen Vorstadt sind in Bremen schlicht als ›das Viertel‹ bekannt; s. Tour 2, S. 110.

Bauwerke, Straßen und Plätze

Baumwollbörse (E 6)

Ecke Wacht- und Marktstraße
Haltestelle: Domsheide
Seit 1872 besteht in Bremen die Baumwollbörse, für die 1896 dieses Gebäude in Sandstein errichtet wurde. Der im Krieg zerstörte auffallende Eckturm wurde als abgestumpfter Turm wieder aufgebaut. Eine kleine Besonderheit im Inneren: Hier fahren noch zwei Paternoster. Die erhaltenen Teile der Alten Börse (neugotisch) wurden 2001 saniert. Eine gläserne Brücke verbindet den Börsenhof A, in dem sich Verwaltung und Bibliothek der Bürgerschaft befinden, mit dem Haus der Bürgerschaft, dem Bremer Parlament.

Highlight 6

Böttcherstraße (E 6)

Die Böttcherstraße, einst waren hier Fassmacher, also Böttcher, ansässig ist heute ein architektonisch-skulpturales Gesamtkunstwerk und ein kleines Kunsthandwerksparadies. Alle Häuser bis auf das Roselius-Haus stammen aus den Jahren 1922–31. Der Bremer Kaffeekaufmann und Erfinder des koffeinfreien Kaffees (Kaffee HAG), Ludwig Roselius (1874–1943), war Kunstliebhaber und Mäzen. Als erstes Haus erwarb Roselius 1902 das Haus Böttcherstraße Nr. 6 (heute Roselius-Haus) von 1588, dessen Grundmauern wohl auf das 14. Jh. datieren. 1928 ließ er es von Eeg als großzügiges Stadthaus umbauen und als Museum (s. S. 97) einrichten. Die Hauptarchitekten der Laden- und Museumsgasse sind Alfred Runge, Eduard Scotland, Carl Eduard Eeg sowie der Allrounder und Bildhauer Bernhard Hoetger. In der Gasse finden sich historisierende und – dank vor allem Hoetgers – expressionistisch-avantgardistische Elemente vereint.

Gleich hinter dem Tordurchgang sieht man rechts das **Sieben-Faulen-Haus** (HAG-Haus) mit Arkadengang und Treppengiebeln. Das **Paula-Modersohn-Becker-Haus** gegenüber (s. auch S. 96, Kunstsammlungen Böttcherstraße) zeigt die ungewöhnliche Handschrift Hoetgers. In seinem Innenhof steht die Hoetger-Skulptur ›Mutter mit Kind‹. Daran schließt sich der **Handwerkerhof** mit Kunsthandwerksläden- und -werkstätten und dem Sieben-Faulen-Brunnen (s. S. 109) an. Dann folgt das bereits erwähnte **Roselius-Haus.** Blickt man nun wieder hinüber auf die rechte Gassenseite, steht dort das **Haus St. Petrus** mit dem Casino Bremen (s. S. 65) und der StäV (s. S. 42). Das Haus St. Petrus steht am gleichnamigen Platz, ihm gegenüber bildet das **Haus des Glockenspiels** (s. S. 87) einen Publikumsmagnet. Daran an schließt sich das **Haus Atlantis** mit Hoetgers berühmtem Himmelssaal (s. S. 88). Ein Torbogen verbindet Atlantis mit dem wiederum gegenüberliegenden **Robinson-Crusoe-Haus** (s. S. 34). Der Kaufmann Daniel Defoe war Bremen verbunden und machte seinen Romanhelden1719 zum Sohn eines Bremer Kaufmanns namens Robinson Kreutzner, woraus dann Crusoe wurde.

City of Science

Vor 30 Jahren hätte es niemand geglaubt, doch das Siegel City of Science, das Bremen gemeinsam mit der Schwesterstadt Bremerhaven für das Jahr 2005 erhielt, verdeutlicht den Wandel der Stadt an sich, des Universitäts- und Forschungsstandorts im Besonderen und auch das Engagement der Bürger. Bremen will das Jahr 2005 mit vielfältigen Aktivitäten begehen. So werden ab dem Frühjahr in einem ›Wissenscontainer‹ verschiedene Wissenschaftsthemen erläutert. Für genauere Informationen: www.stadtderwissenschaft-2005.de

Brauerei Beck & Co. (D 5)

Am Deich 18/19
Tel. 50 94 55 55
E-Mail: besucherzentrum@becks.de
Führungen Di–Sa stündlich 10–17 Uhr, So, Himmelfahrt, Pfingsten, 3. Okt. 10–15 Uhr, Anmeldung erforderlich
Erwachsene 3 € (inkl. 1 Getränk), Kinder bis 11 Jahre frei
Haltestelle: Am Brill, Westerstraße
Die Brauerei Beck & Co., die bekannte Marken wie Beck's, Beck's Gold und Haake-Beck herstellt, versteht sich als Botschafter Bremens in der Welt. Seit 2002 gehört sie zum belgischen Brauunternehmen Interbrew. Beck bietet ca. zweistündige Führungen an, bei denen man Interessantes rund ums Bierbrauen erfährt. Man sieht die historische Ausstellung, den Rohstoffraum und das Sudhaus sowie den Pferdestall. Beck

Weihnachtsmarkt auf dem Marktplatz vor Rathaus und Dom

pflegt in Bremen noch die Tradition der Auslieferung per Bierkutscher. Mit ein bisschen Glück sieht man sie an Werktagen vormittags in der Stadt. Den Abschluss des Besuchs bei Beck & Co. bildet eine kleine Verkostung.

Bremer Stadtmusikanten (E 5)

Nordwestecke des Rathauses
Haltestelle: Domsheide
Am Rathaus steht die vielleicht bekannteste Skulptur der Bremer Stadtmusikanten (s. auch S. 108), geschaffen von Gerhard Marcks. Doch in Bremen trifft man auf die Stadtmusikanten an verschiedenen Orten. So hat beispielsweise ein Laden in der Böttcherstraße (Spielzeug) eine riesige Stofftier-Skulptur vor dem Eingang stehen, und vor dem Theater am Goetheplatz erblickt man eine moderne Variante.

Fallturm (J 1)

Am Fallturm
Tel. 218-2600, 218-4107
Führungen: Mo 13 oder 15 Uhr (falls Werktag) für Gruppen, 1. Mo im Monat 13 Uhr auch für Einzelpersonen – nur nach Voranmeldung
www.zarm.uni-bremen.de
E-Mail: besuch@zarm.uni-bremen.de
Erwachsene 5,50 €, ermäßigt 2,50 € (Teilnahme im Allg. ab 14 Jahre)
Haltestelle: Uni/Klagenfurter Straße
Das Zentrum für angewandte Raumfahrttechnologie und Mikrogravitation (ZARM) der Universität Bremen betreibt den Fallturm, ein erdgebundenes Labor

zur Forschung unter Weltraumbedingungen. Der 146 m hohe Turm mit seiner Glasspitze ist inzwischen ein Wahrzeichen Bremens geworden. Kapseln mit einem Gewicht bis 500 kg, bepackt mit Experimentaufbauten, Videokameras, Computern etc. werden in 119 m Höhe im Turm abgeworfen und ermöglichen eine Experimentierzeit unter Schwerelosigkeit von 4,74 Sekunden. Ende 2004 wurde das so genannte Katapult in Betrieb genommen, mit dem die Zeit verdoppelt werden kann.

Gewerbehaus (E 5)

Ansgaritorstraße
Haltestelle: Obernstraße
Der heutige Sitz der Handwerkskammer Bremen wurde 1618/19–21 als Amts- und Festhaus der Gewandschneider- und Tuchmachergilde errichtet. 1944 stark beschädigt, wurde es 1950–56 in alter Gestalt mit Doppelgiebel wieder aufgebaut, wobei alte Bauteile Verwendung fanden. Der Südgiebel stammt von einem Haus in der Langenstraße. Das Gebäude besticht mit seinem prunkvollen, mit Figuren geschmückten Mittelportal und üppigem Renaissancedekor. Im Gewölbekeller des Gebäudes befindet sich das Restaurant Alte Gilde.

Haus der Bürgerschaft (E 6)

Am Markt/Am Dom
Tel. 361 45 55
www.bremische-buergerschaft.de
Mo–Do 10–18, Fr 10–17 Uhr, Führungen nach Vereinbarung
Haltestelle: Domsheide
1963–66 errichtete man nach Plänen Wassilij Luckhardts das Parlament des Landes Bremen. Die glasverkleideten Fassaden greifen in ihrer Strukturierung die Architektur der übrigen Gebäude am Marktplatz auf.

Haus des Glockenspiels (E 6)

Böttcherstraße/St.-Petrus-Platz
Haltestelle: Domsheide
Scotland und Runge bauten 1922–24 zwei ehemalige Lagerhäuser für die Bremen-Amerika-Bank um. Der Name

Bremen – Stadt der Luft- und Raumfahrt

Wer wissen möchte, wie die Astronauten an Bord der ISS, der Internationalen Raumstation leben, wie sie arbeiten, der hat hier die Gelegenheit. Die BTZ bietet eine Führung an, die am Flughafen mit der **Galerie der Luft- und Raumfahrt** inklusive eines Besuchs der Bremenhalle beginnt (Oldtimer-Flugzeuge) und sich dann auf dem Gelände der **EADS Space Transportation** fortsetzt. Dort begehen Sie unter fachkundiger Führung das Modell des europäischen Columbus-Modul der ISS und sehen Hardware der Ariane-Raketen (in Bremen werden Raketenstufen gefertigt). Eine **Multivisionsshow** im Auditorium ergänzt die spannenden Eindrücke. **Vorläufig nur bis 31.5.2005:** Jan./Febr. Sa 11, 15, März–Ende Mai Fr 17, Sa 11, 13, 15, So 11, 13 Uhr. **Karten** (Erwachsene 16,50 €, Kinder ab 12 Jahre in Begleitung Erwachsener sowie Studenten und Rentner 13,50 €) sind nur an den Tourist-Informationen der BTZ am Hbf und am Liebfrauenkirchhof erhältlich. **Achtung:** Personalausweis oder Reisepass sind zwingend erforderlich. Es erfolgt ein Sicherheitscheck. **Treffpunkt** für die Besichtigung: Parkkasse, Ankunftshalle Flughafen Bremen (Haltestelle Airport, Linie 6). Info: 01805/10 10 30.

bezieht sich auf das 1934 am Haus angebrachte Glockenspiel (s. unten).

Himmelssaal im Haus Atlantis (E 6)

Böttcherstraße
Tel. 36 96-0 (Hilton Hotel)
Mo Tag der offenen Tür, kostenlos zu besichtigen (falls keine Veranstaltungen; an anderen Tagen Anfrage bei der Hotelrezeption: Schlüssel gegen Pfand)
Haltestelle: Domsheide

Hoetger entwarf das Haus Atlantis 1931. Der Name verweist auf die Intention des Künstlers: Das Haus stellt eine in Architektur gegossene Atlantis-Utopie dar. Hier kommt eine der diffuseren und politisch heiklen Seiten Roselius' zum Ausdruck, der Anhängern einer Germanenkultur, die Atlantis mit Helgoland verbanden (Arier als Atlanter), Räume für Forschung und Veranstaltungen zur Verfügung stellen wollte. Teile des Hauses wurden im Krieg zerstört. 1965 gestaltete Mataré die Fassade neu in Backstein, das Haus selbst wurde in ein Hotel (heute Hilton) umgewandelt. Das **Treppenhaus** und der **Himmelssaal** des Haus Atlantis gelten als einer der Höhepunkte der deutschen Architektur der Zwischenkriegszeit: Glasbausteine und Stahlbeton sind die prägnanten Baumaterialien. Der sehenswerte Himmelssaal im Obergeschoss ist in Blau und Weiß gehalten. Die gesamte gewölbte Decke ist mit Glasbausteinen (nicht mehr original) in diesen Farben gestaltet.

Glockenspiel und Ozeanbezwinger

Am Haus des Glockenspiels (s. S. 87) in der Böttcherstraße erklingt tgl. um 12, 15 und 18 Uhr das Meißener Glockenspiel. Zugleich dreht sich das Mittelstück des halbrunden Eckturms, und nacheinander erscheinen zehn geschnitzte und bemalte Holztafeln mit Darstellungen berühmter Ozeanbezwinger und Luftfahrer von Leif Erikson und Kolumbus bis zu Lindbergh und Graf Zeppelin – geschaffen von Bernhard Hoetger.

Marktplatz (E 5)

Der Marktplatz ist der schönste Platz nicht nur Bremens. Vor über 300 Jahren wurde hier erstmals eine Börse abgehalten, hier wurde Recht gesprochen, aber auch – und das heute noch – gefeiert. Im Dezember findet hier und auf dem Domshof der Weihnachtsmarkt statt und zu Freimarktszeiten stehen auch auf dem Marktplatz Büdchen und Karussels. Will man einen Überblick über den Platz erhalten, stellt man sich am besten in die Mitte des in das Pflaster eingearbeiteten Hanseatenkreuzes. Die Fassade des Rathauses (s. S. 89) und davor der Roland (s. S. 91) dominieren den Platz. Dem Rathaus genau gegenüber an der Südseite des Platzes steht der Schütting (s. S. 94), das Haus der Kaufmannschaft. Der Sparkassenbau an der Südwestecke ist ein modernes Gebäude von 1957/58, das hinter eine Rokokofassade von 1758 gesetzt wurde. Weiter an der Westseite folgt die Rathsapotheke von 1896. Das Deutsche Haus Ecke Obernstraße wurde 1909 errichtet, wobei Teile älterer Häuser aus der Altstadt Verwendung fanden.

Martinikirche (E 6)

Martinistraße/Ecke Erste Schlachtpforte
Tel. 32 48 35
Mitte Mai–Mitte Sept. tgl. 10.30–12.30 Uhr
Haltestelle: Martinistraße

Der Himmelssaal im Haus Atlantis

Um 1230 entstand die Kirche als dreischiffige Basilika, wurde aber 1376–84 in eine Hallenkirche umgewandelt. Damals band man auch den wuchtigen Turm mit achtkantigem Helm ins Nordschiff ein und versah die Kirche mit ihren charakteristischen vier Querschiffen mit spitzen Giebeln und Blendnischen über den Strebepfeilern. Die Außenwirkung erschließt sich besonders gut von der anderen Weserseite. Im Inneren der Kirche finden sich noch Stücke der ursprünglichen Innenausstattung (Kanzel von 1597; Orgelprospekt von 1603; Portal von 1597 an der Ostwand des Südschiffs). Die Chorfenster zeigen in der Abschlusswand des Nordschiffs eine Darstellung des Lebens des hl. Martin, und im Südschiff Joachim Neander im Kreis von Kindern. Der gebürtige Bremer Joachim Neander (1650–80), nach ihm ist auch das Neandertal benannt, wirkte 1679/80 als Prediger in St. Martini. Er wohnte in einem Anbau zur Weser hin, dem heutigen **Neanderhaus.** Neander ist vielen als Komponist von Kirchenliedern bekannt, darunter »Lobe den Herrn«.

Highlight 7

Rathaus (E 5)

Am Markt
nur mit Führung, Mo–Sa 11, 12, 15, 16, So 11, 12 Uhr (Änderungen möglich), Karten bei Tourist-Information Ecke Liebfrauenkirchhof/Obernstraße, 4 €, ermäßigt 2 €.
Haltestelle: Domsheide, Obernstraße

Seit dem Sommer 2004 zählen das Bremer Rathaus und der Roland zum Weltkulturerbe der Menschheit. Der spätgotische Backsteinbau von 1405– 07/10 wurde 1596–1616 nach Plänen Lüder von Bentheims (1555–1612) umgebaut. Seither besticht das Rathaus zum Markt hin mit einer prächtigen **Fassade** im Stil der Weserrenaissance. Sie erhebt sich über den elf Arkaden des früheren Baus, die ebenso wie zwölf Sandsteinfiguren an der Ost-, Markt- und Westseite erhalten blieben. Interessant ist das Fries über dem Bogengang mit allegorischen und mythologischen Darstellungen.

Im Inneren des Baus hat das **Erdgeschoss** seine schlichte gotische Gestaltung – früher wurde hier gehandelt und gerichtet – bewahrt, während im Obergeschoss prächtige Säle im Stil von Renaissance und Barock den Besucher beeindrucken. Die **Obere Rathaushalle,** 40 m lang, 13 m breit und 8 m hoch, war über Jahrhunderte das politische Herz der Stadt: hier tagte der Rat. Heute wird der Saal für kulturelle Veranstaltungen, große Dinner und Empfänge genutzt. Wertvolle Kronleuchter, vier Modelle von Orloog-Schiffen (das älteste von 1545) hängen von der üppig bemalten Eichendecke herab. Ein Blick verdient auch das alte Ratsgestühl und an der linken Wand darüber »Das Salomonische Urteil« von 1532. Am anderen Ende der Halle findet sich eine Darstellung Karls des Großen und Willehads mit einem Modell des Bremer Doms: Symbol für die Gründung des Bremer Bistums.

Alte Portale, darunter das Löwenportal von 1662, ein Renaissanceportal von 1550, verbinden die Obere Rathaushalle mit dem angrenzenden Neuen Rathaus. Ein weiteres Glanzlicht der Oberen Halle aber ist die **Güldenkammer,** im Mittelerker zum Markt hin in zwei Geschossen aus Holz errichtet. Ein Meisterwerk frühbarocker Schnitzkunst. Das Innere der Kammer gestaltete Heinrich Vogeler 1903–05 zu einem Gesamtkunstwerk des deutschen Jugendstils: goldgrundige Ledertapeten, als Hauptmotiv stilisierte Vögel, Möbel und Kaminverkleidungen.

Das **Neue Rathaus** 1909–13 errichtet, schließt als Erweiterungsbau an das Alte Rathaus an. Es birgt Festsaal, Kaminsaal, Gobelinzimmer, Senatssaal und Weißen Salon. Im Hansezimmer residiert der Präsident des Senats.

Ratskeller (E 5)

Am Markt, Eingang Liebfrauenkirchhof
Öffnungszeiten s. S. 89
Haltestelle: Obernstraße
ausführliche Besichtigung nur mit Führung: Tel. 32 16 76 n. V. (Ratskeller); BTZ: Ende April–Anfang Okt. Fr 16 Uhr, ab Tourist-Information Liebfrauenkirchhof, Hauptraum ist frei zugänglich
An der Westseite des Rathauses geht es hinab in den Bremer Ratskeller (s. auch S. 38, 56), wo seit 1405 Wein ausgeschenkt wird. Die **Weinlager** bieten in Spitzenzeiten 750 000 Flaschen Platz, meist lagern hier 120 000–150 000 Flaschen nur deutschen Weins.

In der gotischen **Hauptschankhalle** fallen links gewaltige Weinfässer, das älteste von 1723, ins Auge. Rechts öffnen sich kleine Türen in die sechs Priölken. In diesen separaten Miniräumen schlossen früher z. B. die Kaufleute ihre Verträge ab. Die Türen durften nur geschlossen werden, wenn sich mindestens drei Personen im Raum aufhielten.

Sehenswert sind auch **Bacchus-** und **Hauffkeller.** Der Märchendichter Hauff hielt sich 1823 einige Tage in Bremen auf und ertränkte seinen Liebeskummer im Ratskeller. Im Hauffkeller finden sich Fresken, die Max Slevogt nach Hauffs »Phantasien im Bremer Ratskeller« 1927 schuf. Fragen Sie hier auch nach den Echosäulen.

Wahre Schätze sind **Senats-** und **Kaiserzimmer** mit dem Sternerestaurant L'Orchidée (s. S. 44) sowie **Apostel-** und **Rosekeller.** Der Rosekeller birgt ein Fass mit dem ältesten Wein des Ratskellers: dem Rüdesheimer Rosewein von 1653, in den Apostelfässern lagern Weine von 1727–84.

8

Highlight

Roland (E 5)

Marktplatz
Haltestelle: Obernstraße, Domsheide
Eines der Wahrzeichen Bremens und Weltkulturerbe ist der Roland. Der Roland aus Kalkstein, vor dem Rathaus auf dem Marktplatz stehend und stolz Richtung Dom blickend, stammt aus dem Jahr 1404. Mit Sockel misst er 10,21 m in der Höhe. Er ist Symbol der Bürgerfreiheit, des Marktrechts und der Freiheit von erzbischöflicher Bevormundung. Die kleine Figur zwischen den Füßen des Roland soll jenen Krüppel darstellen, der das Areal des Bürgerparks (s. S. 14) festlegte. Außerdem heißt es, dass der Abstand zwischen den ›spitzen‹ Knien des Roland den Marktleuten einst zum Abmessen von Stoff diente. Diese ›Bremer Elle‹ (ca. 55 cm) findet heute als Spezialmaß LMR (Length Measurement Roland) etwa in Raumfahrt oder Flugzeugbau Verwendung.

St. Ansgarii (G 5)

Schwachhauser Heerstr. 40
Tel. 34 51 61
Haltestelle: Hollerallee
Mo, Di., Mi, Fr 9–13, Do 9–12, 15–18 Uhr
Der Sakralbau von 1955 greift die Struktur der im Krieg zerstörten Innenstadtkirche als dreischiffige Basilika mit hohem Langhaus und frei stehendem Turm auf. Im Inneren finden sich Relikte der alten Kirche: die Kanzel von 1592, ein Orgelprospekt von 1611 sowie Epitaphe des 16. Jh. Auch die alte Wetterfahne vom Turm der Vorgängerkirche hat ihren Platz gefunden.

St. Johannis (E 6)

Hohe Straße 3, Schnoor
Tel. 36 94-115
tgl. 9–19 Uhr
Haltestelle: Domsheide
Die dreischiffige, gewölbte Hallenkirche St. Johannis ist der einzige im reinen hochgotischen Stil erhaltene Sakralbau Bremens. Ursprünglich diente er dem Franziskanerkloster als Kirche. Dies erklärt auch seine schlichte Gestaltung. Statt eines auffallenden Kirchenturms weist sie nur zwei zierliche Ecktürme und einen Dachreiter auf. Mit der Reformation schloss das Kloster (schließlich abgerissen). Seit 1823 dient die Kirche, 1689–1748 von den Hugenotten genutzt, der katholischen Gemeinde wieder als Gotteshaus. Das Kircheninnere ist neuzeitlich und schlicht.

St. Petri Dom (E 5)

Mo–Fr 10–17, Sa 10–14, So 10–17 Uhr
Turmbesteigungen: Ostersamstag bis 1.11. Erwachsene 1 €, ermäßigt 0,70 €
Dom-Museum: Mo–Fr 10–17 (Nov. bis April 11–16), Sa 10–13.30, So 14–17 Uhr, Eintritt: Erwachsene 1,50 €, ermäßigt 1 €
Bleikeller: Mo–Fr 10–16.45,
Sa 10– 13.45, So 12–16.45 Uhr
Eintritt: Erwachsene 1,40 €; Schüler bis 12 Jahre 0,70 €, darüber 1 €
Haltestelle: Domsheide
Hoch ragen sie auf, die 98 m hohen **Türme** an der Westfassade des Bremer Doms. Schon Ende des 8. Jh. wurde hier auf der höchsten Stelle der Düne, wo Bremen seinen Anfang nahm, eine Holzkirche errichtet. An ihrer statt begann man 1041 mit dem Bau eines romanischen Doms als dreischiffige Pfeilerbasilika über zwei Krypten. Erst im

13. Jh. erfolgte die Einwölbung und die Errichtung der beiden Türme. Das 16. Jh. sah die Umgestaltung in einen gotischen Bau, und noch bis ins 20. Jh. hinein erfolgten Ergänzungen, Umbauten und Renovierungen. Nach der Reformation wurde der Dom evangelisch.

Die **Bronzeportale** an der Westfassade zeigen (links) alt- und (rechts) neutestamentliche Szenen. Im Inneren des Domes fällt die unterschiedliche Größe der beiden **Seitenschiffe** auf: Das Südschiff hat noch die mittelalterlichen Abmaße und Seitenkapellen, das Nordschiff wurde nach einem Brand (1482) umgestaltet. Sehenswert im Nordschiff ist die Fünfergruppe der Klugen und Törichten Jungfrauen über dem Brautportal, im Südschiff stehen Teile des Chorgestühls aus dem 14. Jh. Im südlichen **Querschiff** erinnert in einem Nebenraum eine Grabplatte an Adolph Freiherr von Knigge, der hier bestattet wurde. Im **Mittelschiff** beachtenswert ist die holzgeschitzte Kanzel, die Königin Christine von Schweden 1638 schenkte. Gehen Sie mit ihren Kindern in den hohen **Chor** und suchen Sie an der Südwand des Altarraums die kleine Kirchenmaus aus Stein, die ein Handwerker hier eingebracht hat. Das Relief von 1518 an der Brüstung zeigt den Stadtgründer und Bischof Willehad mit Karl dem Großen und einem Modell des Doms sowie weitere bedeutende Erzbischöfe, Stifter etc.

Beachtenswert sind die **Orgeln:** die neue Bach-Orgel sowie die Sauer-Orgel und in der romanischen Westkrypta die Silbermann-Orgel. In der Westkrypta steht auch eines der bedeutendsten Kunstwerke Norddeutschlands, ein Taufbecken aus der Zeit um 1229.

Das **Dom-Museum** zeigt insbesondere die restaurierten Funde aus mittelalterlichen Bischofsgräbern, die in den 1970er Jahren entdeckt wurden, dazu Altargerät, geistliche Schriften, Steinskulpturen und Wandmalereien.

Der **Bleikeller** (Eingang im Innenhof zwischen Dom und Glocke) birgt acht mumifizierte Leichname sowie Relikte aus dem Kreuzgang des Doms.

St. Stephani (D 5)

Stephanikirchhof 8
Tel. 38 14 19
Mo, Mi, Fr 10–12 Uhr
Haltestelle: Faulenstraße

Die Stephani-Kirche geht auf das 11. Jh. zurück. Idyllisch liegt die große Backsteinkirche auf ihrem Kirchhof, umgeben von roten Ziegelsteinreihenhäusern, die entfernt an das zerstörte Gängeviertel erinnern. Farbenprächtig ist der moderne Fensterzyklus hinter dem Altar mit dem Thema ›Alte und Neue Welt‹.

Schlachte (D/E 5)

s. auch S. 66
Haltestelle: Am Brill

Ursprünglich war die Schlachte mit der (heute zugeschütteten) Balge Bremens Hafen. Der Name Schlachte hat nichts mit Schlachten zu tun, sondern leitet sich von Slaits ab, ins Wasser gerammten Pfählen, die zur Uferbefestigung dienten. Zwischen Tiefer und Fangturm wurden Waren angelandet und in den Packhäusern gestapelt. In den Kontorhäusern saßen (und sitzen teils noch heute) die Reeder und Kaufleute und wickelten ihre Geschäfte ab. Waren es im Mittelalter die Hansekoggen, die hier anlegten, so waren es später, als der Tiefgang der Weser aufgrund der Versandung nicht mehr ausreichte, die Weserlastkähne, die Waren aus Vegesack bis zur Innenstadt transportierten. Bis vor einigen Jahren wurde dieser alte innerstädtische Hafenbereich stiefmütterlich behandelt. Bremen als Stadt

Die Schlachte, bevorzugte Ausgehmeile im Sommer

am Fluss schien nicht zu existieren – bis man sich eines Besseren besann und eine Sanierung und Umwidmung des Areals in Angriff nahm. Die Weserpromenade unterhalb der Straße Schlachte wurde erneuert bzw. verlängert, die Häuser an der Schlachte restauriert oder neu aufgebaut, Kneipen und Restaurants zogen ein, Restaurantschiffe und historische Boote, wie die Roland von Bremen (Nachbau der Hansekogge, die im Bremerhavener Schifffahrtsmuseum zu sehen ist; s. S. 105) und der historische Weserlastkahn Lüder von Bentheim haben das Ufer zum neuen Leben erweckt.

Schloss Schönebeck (Karte Bremen-Nord)

Im Dorfe 3–5, Bremen-Nord
Tel. 66 37 59 (ab 19 Uhr)
Haltestelle: Bhf Schönebeck, Bus bis Schafgegend (umsteigen)
Di, Mi, Sa 15–17, So 10–12.30, 15–17 Uhr

Das ehemalige Wasserschloss, ein barocker Fachwerkbau von 1682–86, liegt idyllisch in der ›Bremer Schweiz‹. Das Schloss birgt das Heimatmuseum Vegesack mit Themen rund um Schifffahrt, Fischerei und Walfang sowie den Nachlass des Afrikaforschers Gerhard Rohlfs, 1831 in Vegesack geboren.

Schulschiff Deutschland (Karte Bremen-Nord)

Zum alten Speicher 15
(an der Mündung der Lesum in die Weser, Bremen Vegesack)
(Tel. 658 73 73, www. schulschiff-deutschland.de, tgl. außer Mo 10–18 Uhr, Eintritt Erw. 1,60 €, Kinder unter 12 Jahren 1,10 €). Gruppenführungen nach Anmeldung, 3 € pro Person

Haltestelle: Bhf Vegesack (Stadtexpress), oder mit dem Schiff ab Martinianleger bis Vegesack (s. S. 21)
Der 86 m lange Großsegler (25 Segel) lief 1927 bei der Weft J. C. Tecklenborg vom Stapel. Er ist das einzig erhaltene Vollschiff der deutschen Schifffahrtsgeschichte. Gebaut als Schiff zur Ausbildung des seemännischen Nachwuchses für die Handelsschifffahrt diente es dann bis 2001 der Marine zu Ausbildungszwecken und als Unterkunft. Heute ist es zu besichtigen, sogar Trauungen oder Tagungen an Bord sind möglich, und übernachten (30 Doppelkabinen) kann man auch.

Schütting (E 5)

Am Markt
Haltestelle: Obernstraße
Vis-à-vis dem Rathaus betont der Schütting einmal mehr Stellung und Wohlstand der Kaufleute in Bremen. Über dem um die Wende zum 19. Jh. ergänzten neubarocken Portal mit Freitreppe steht der Wahlspruch der Bremer Kaufleute: »Buten un Binnen, Wagen und Winnen« (draußen wie drinnen, wagen und gewinnen). Der heutige Sitz der Handelskammer (und des Clubs zu Bremen) wurde 1537/38 als Gildehaus der Bremer Kaufmannschaft im Auftrag der Elterleute, der Sprecher der Kaufmannschaft, erbaut. 1565 wurde an der Ostseite ein Giebel im Stil der Frührenaissance ergänzt, Ende des 16. Jh. folgten ein geschwungener Mittelgiebel und eine Balustrade. Nach dem Krieg wurde der Schütting innerhalb der alten Außenmauern wieder aufgebaut.

Speicher XI (B 3)

Am Speicher XI
Haltestelle: Speicher XI (Bus 26), Waller Ring (Straßenbahn 3)
Der Speicher XI (1908–12), misst an die 400 m in der Länge. Einst diente er der Lagerung von Stückgut, stand dann nach Schließung des Überseehafens 1987–2003 leer. Nach Asbestsanierung, Restaurierung und Umbauten unter Federführung der Firma Hübotter beherbergt er heute u. a. die Hochschule für Künste, ein Hafenmuseum (s. S. 96) sowie das Info-Center Überseestadt.

Stadtwaage (E 5)

Langenstraße 13
Haltestelle: Obernstraße
Eine Stadtwaage ist in Bremen bereits

Günter-Grass-Stiftung Bremen

Die Stiftung baut ein Grass-Archiv mit Audio- und Videodokumenten zu Günter Grass auf, das sich in der International University Bremen befindet. In der Stadtwaage befindet sich das Grass-Zentrum, wo man sich kostenlos exklusiv CDs seltener Archivaufnahmen mit Günter Grass anhören kann. Daneben gibt es ständig eine kleine Dauerausstellung. Mehrmals pro Jahr werden Sonderausstellungen mit Zeichnungen, Grafik oder Skulpturen Grass' gegen geringes Entgelt gezeigt. Eine Präsenzbibliothek sammelt die Übersetzungen seines schriftlichen Werks. Lesungen, insbesondere mit Schriftstellern aus Ländern, in deren Sprachen Grass übersetzt ist, thematisieren die Grass-Rezeption.
Stadtwaage (E 5): Langenstr. 13, Tel. 364 82 43, www.guenter-grass.de, Sommer: tgl. 11–16, Winter Mi 12–17, Fr–So 12–17 Uhr

für das 14. Jh. überliefert. 1586/87 entstand das heutige Gebäude im Stil der Weserrenaissance, wahrscheinlich von Lüder von Bentheim geschaffen, der auch für die neue Fassade des Rathauses verantwortlich zeichnete. Einst standen im Erdgeschoss die großen Waagen, große Rundportale erleichterten den Transport von Waren ins Gebäude. Bomben zerstörten das Gebäude am 6.4.1944 weitgehend, sodass lange Zeit an einen Abriss gedacht wurde. Mit Hilfe der Sparkasse Bremen erfolgte dann aber 1960/61 doch der Wiederaufbau. Seit 2001 ist die Stadtwaage Sitz der Bremer Günter-Grass-Stiftung (s. S. 94).

Teerhof (E 5/6)

s. Tour 3, S. 112

Unser Lieben Frauen (E 5)

Unser Lieben Frauen Kirchhof (Liebfrauenkirchhof) 27
Tel. 33 03 10
1. Okt.–31. März Mo–Fr 10.30–12.30,14–16, Sa 10.30–12.30, 14–16.30, So 11.30–13 Uhr
Haltestelle: Obernstraße
Die frühgotische dreischiffige Hallenkirche, um 1230 als Kirche des Rates außerhalb des Dombezirks erbaut, ist nach dem Dom die zweitälteste Kirche Bremens – und ein weiteres Zeichen für die Unabhängigkeit der Bremer von bischöflicher Macht. Vom romanischen Vorgängerbau aus dem 11. Jh. blieben die Krypta und der Südturm erhalten. Beeindruckend ist das Lichtspiel der ab 1966 eingebauten Fenster aus der Werkstatt François Lorin in Chartres. Bemerkenswerte Relikte der einst prächtigen Innenausstattung sind die aus Holz geschnitzte Kanzel von 1706 und ein Epitaph des Dietrich von Büren (gest. 1686).

Museen

Focke-Museum (K 3)

Schwachhauser Heerstr. 240
Tel. 361 35 75
www.focke-museum.de
Di 10–21, Mi–So 10–17 Uhr
Eintritt: 4 €, ermäßigt 2 €
Haltestelle: Focke-Museum
Das Focke-Museum, das Bremer Landesmuseum für Kunst- und Kulturgeschichte, zeigt auf dem Areal des Gutes Riensberg in einem modernen Haupt- und vier historischen Gebäuden entsprechende Sammlungen. Im **Hauptgebäude** wird die Geschichte Bremens mit Modellen. Multimedia und Bildern erläutert, ergänzt von Exponaten wie den gotischen Originalfiguren vom Rathaus oder einem Modell des Bremer Stadtzentrums. Der Kubus des **Schaumagazins** zeigt weitere Objekte. **Haus Riensberg** (18. Jh.), renoviert und umgestaltet (Wiedereröffnung Ende Februar 2005), zeigt bürgerliches Wohnen vom Rokoko bis ins 20. Jh., europäische Glaskunst und das Kindermuseum (s. S. 77). Ur- und Frühgeschichte im **Eichenhof**, Seefahrt und Industrieansiedlung im **Haus Mittelsbühren** (16. Jh.), bäuerliches Gerät in der **Tarmstedter Scheune** runden das Bild ab.

Gerhard-Marcks-Haus (F 6)

Am Wall 208
Tel. 32 72 00
www.marcks.de
Di–So 10–18 Uhr
Eintritt: 3,50 €; ermäßigt 2,50 €
Haltestelle: Theater am Goetheplatz
Das einstige Akzisehaus zeigt seit 1971 als Museum für zeitgenössische und moderne Plastik die ständige Ausstellung von Arbeiten von Gerhard Marcks (1889–1981; er schuf z. B. die Bremer Stadtmusikanten am Rathaus): 200

Plastiken, 5000 Holzschnitte, Skizzen, illustrierte Bücher und Aquarelle, die Marcks der Stadt als Stiftung überließ. Zusätzlich Sonderausstellungen zur Skulptur des 20. Jh.

Gesellschaft für Aktuelle Kunst (GAK; E 5)

Teerhof 21
Tel. 50 08 97
www.gak-bremen.de
Di–So 10–18 Uhr
Haltestelle: Wilhelm-Kaisen-Brücke
Die GAK präsentiert in Wechselausstellungen junge ebenso wie jüngste internationale Kunst. Regelmäßig findet sich in den Räumen gegenüber der Weserburg Installations- oder Konzeptkunst.

Hafenmuseum und Infocenter Überseestadt (B 3)

Am Speicher XI
Tel. 303 82 79
Fax 303 82 84
www.speicherelf.de
E-Mail: hafenmuseum@speicherXI.de
Di–So 11–18 Uhr
Eintritt: Erwachsene 3 €, ermäßigt 2 €, Kinder bis 14 Jahren 1 €, bis 7 Jahren frei
Haltestelle: Speicher XI (Bus 26), Waller Ring (Straßenbahn 3)
Das Museum im Speicher XI (s. S. 94) ist der Geschichte des Hafens und seiner Menschen vom 19. bis ins 21. Jh. gewidmet. In Raum III ist ein auf den Fußboden projiziertes Bild des Hafens begehbar, ein Modell zeigt die alte Speicheranlage. Monitore ermöglichen einen Blick auf den Hafen gestern, heute und morgen. Raum IV, das Infocenter Überseestadt, verschafft multimedial weitere Einblicke in Geschichte und Zukunft des Bremer Hafenviertels. Hinzu kommen immer wieder verschiedene Sonderausstellungen.

Highlight 9

Kunsthalle Bremen (F 6)

Am Wall 207
Tel. 32 90 80
Di 10–21, Mi–So 10–17 Uhr
www.kunsthalle-bremen.de
Haltestelle: Theater am Goetheplatz
Eintritt: 5 €, ermäßigt 2,50 €
1823 gründeten Bremer Bürger den Bremer Kunstverein, der 1847–49 die Kunsthalle nach Plänen von Rutenberg erbauen ließ. 1902 wurde die Fassade von Gildemeister umgestaltet, 1982 das Gebäude erweitert, 1998 ein Umbau abgeschlossen. Bis heute befindet sich das Museum in der privaten Trägerschaft des Vereins. Der klassische Museumsbau birgt europäische Malerei ab dem 15. Jh., wobei die französische und deutsche Kunst des 19. und 20. Jh. im Mittelpunkt stehen. So finden sich Werke der Künstlerkolonie Worpswede, insbesondere von Paula Modersohn-Becker, Werke von Slevogt, Courbet, Leibl, Liebermann, von Beckmann, Delacroix, Picasso und den Brücke-Malern. Ein Highlight bildet van Goghs »Das Mohnfeld«. Stolz ist man auf das Kupferstichkabinett in einem Jugendstilsaal mit dem nahezu kompletten druckgrafischen Werk von Albrecht Dürer und von Ernst Barlach. Ganz in der Tradition des Sammelns aktueller Kunst werden im Obergeschoss Video-, Ton- und Lichtinstallationen internationaler und deutscher Künstler wie Otto Piene oder John Cage gezeigt.

Kunstsammlungen Böttcherstraße (E 6)

Böttcherstraße 6–10
Tel. 336 50 66/77
Di–So 11–18 Uhr
Eintritt: 5 €; ermäßigt 3 €
Haltestelle: Domsheide

Moderne Kunst im Neuen Museum Weserburg

Die Kunstsammlungen bestehen aus dem **Paula-Modersohn-Becker-Museum** (www.pmbm.de) und dem Ludwig-Roselius-Haus. Der Mäzen Ludwig Roselius hatte das Paula-Modersohn-Becker-Haus 1926/27 speziell als Raum für die Präsentation der bereits 1907 jung verstorbenen Worpsweder Malerin Paula Modersohn-Becker von dem mit ihr befreundeten Bernhard Hoetger in expressionistischem Stil erbauen lassen. Dementsprechend zeigt das Museum Gemälde, Zeichnungen und Grafiken der berühmten Künstlerin, aber auch Arbeiten Bernhard Hoetgers (s. auch S. 84, 104) sowie Sonderausstellungen.

Das anschließende (direkter Durchgang) älteste Haus der Böttcherstraße, das **Roselius-Haus** (s. S. 85), präsentiert Räume, die den Wohnstil der Bremer Kaufleute widerspiegeln, z. B. ein Damenzimmer, ein Esszimmer, Küche etc. Roselius trug eine enorme Sammlung an Möbeln, Fayencen, Gläsern, Holzskulpturen und Gemälden zusammen. So gehören zu den Schätzen des Hauses Werke von Tilman Riemenschneider aus dem 16. Jh., Gemälde von Lucas Cranach d. Ä. und d. J.

Museum im Roselius-Haus

s. Kunstsammlungen Böttcherstraße

10 **Highlight**

Neues Museum Weserburg (E 5)

Teerhof 20
Tel. 59 83 90, Fax 50 52 47
Di–Fr 10–18, Sa/So 11–18 Uhr
www.nmwb.de

Haltestelle: Wilhelm-Kaisen-Brücke
Eintritt: Erwachsene 5 €, ermäßigt 3 €
Vier alte Speicher auf dem Teerhof wurden zum Neuen Museum mit 6000 m^2 Fläche umgestaltet, das sich als Sammlermuseum versteht. D. h. hier sind Sammlungen hochkarätiger Kunstliebhaber ausgestellt – alle beschäftigen sich mit der Kunst ab 1960. So finden sich Arbeiten von Beuys, Baselitz und Trockel ebenso wie Werke von Segal, Warhol, Kienholz oder Long. Das Museum organisiert Sonderausstellungen – und es besitzt ein Archiv mit über 40 000 Künstlerpublikationen.

Olbers-Planetarium (E 6)

Werderstr. 73
Tel. 70 68 82
http://planetarium.hs-bremen.de
Haltestelle: Wilhelm-Kaisen-Brücke
Die Hochschule Bremen betreibt das Olbers-Planetarium, an dem Studenten der Nautik sich mit Sternennavigation beschäftigen. Regelmäßig öffentliche Vorträge, Sternenbeobachtungen.

Paula-Modersohn-Becker-Museum

s. Kunstsammlungen Böttcherstraße

Private Galerien

Galerie Beim Steinernen Kreuz (F 6)

Beim Steinernen Kreuz 1
Tel. 70 15 15
Di–Fr 10–13, 15–18.30, Sa 10–14 Uhr u.n.V (während Ausstellungen)
Haltestelle: Wulwesstraße, Am Dobben
Brigitte Seinsoth legt den Schwerpunkt auf Gegenwartskunst von nationalen und internationalen Künstlern.

Galerie Birgit Waller (Karte Bremen-Nord)

Am Kapellenberg 5 (St. Magnus)
Tel. 62 16 66
Während Ausstellungen Mi, So 15–19 Uhr u. n. V.
Anfahrt: DB bis Bhf St. Magnus oder Bus bis Am Kapellenberg
In der Villa Lesmona (s. Tour 4, S. 114) liegt der Schwerpunkt auf Bildhauerkunst (s. auch Skulpturenpark Lesmona). Daneben finden in lockerer Abfolge Kulturveranstaltungen statt.

Galerie Mönch (außerhalb M2/3)

Oberneulander Landstraße 153
Tel. 25 66 52
www.moench-bremen.com
So 16–19 Uhr u. n. V.
Haltestelle: Kapitän-König-Weg
Die Galerie Mönch präsentiert Ausstellungen mit Werken der Gegenwartskunst (Malerei und Skulptur).

Kunst im Raum Seidemann

Richtweg 4 (F 5)
Mo–Fr 15–18 Uhr
Tel. 55 50 14 (Mo–Fr 15–18 Uhr)
Haltestelle: Rembertistraße
Modersohnweg 11 (außerhalb M 2)
Tel. 25 59 44
Besichtigung n. V.
Haltestelle: Modersohnweg
Carsten Seidemann zeigt in den Räumen am Richtweg zeitgenössische Kunst und Antiquitäten, am Modersohnweg Ausstellungen mit Werken von Künstlern aus Bremen und umzu, insbesondere von Absolventen der Hochschule für Künste Bremen.

Plantage 13 (E 4)

Plantage 13
Tel. 35 65 68
Besuch n. V.
Haltestelle: Theodor-Heuss-Allee
›Katrin Rabus Kulturprojekte‹ – dieser Name deutet den neuen Schwerpunkt der renommierten Galeristin an: Neue Musik und Musikfilme. Wie bisher zeigt

sie in ihrer Galerie schwerpunktmäßig Kunst der 1970er Jahre – etwa von Zeniuk, Girke oder Hofschen.

St. Jakobus Packhaus – ZeitRaum im Schnoor (E 6)

Wüste Stätte 10
Tel. 277 27 80
www.packhaus.de
Di–So 11–19 Uhr (Nov.–Ende März bis 18 Uhr)
Eintritt: 6 €
Haltestelle: Domsheide
Im ältesten erhaltenen Lagerhaus der Altstadt (s. auch S. 108) wird ein Überblick über die Bremer Handelsgeschichte geboten: multimedial-interaktiv und mit historischen Objekten.

Skulpturenpark Lesmona (Karte Bremen-Nord)

Villa Lesmona, Am Kapellenberg 5 (Knoops Park; St. Magnus)
Tel. 62 16 66 (Galerie Birgit Waller)
Fax 62 16 59
ganzjährig frei zugänglich; Info-Material liegt vor dem Eingang der Villa Lesmona aus; n. V. auch Führungen
Haltestelle: Bhf. St. Magnus oder Kapellenberg
Die private Skulpturensammlung ist seit 1984 entstanden. Die Galeristin hat großformatige Skulpturen von Künstlern erworben, die in ihrer Galerie ausstellten und ausstellen. So finden sich ca. 30 Skulpturen unter freiem Himmel, u. a. von den Berliner Bildhauern Matschinsky-Denninghoff, von Erwin Wurm, Giuseppe Spangnulo oder von Prof. Bernd Altenstein.

Space Center (A 1)

Space Park Plaza 1 bzw. Use Akschen 4
Tel. 84 00 00
www.space-center-bremen.de
E-Mail: info@space-center-bremen.de
derzeit geschlossen
Haltestelle: Use Akschen
Schiffsverbindung: s. S. 21
derzeit geschlossen!
2003/04 als Indoor-Erlebnispark für Raumfahrt- und noch mehr für Star-Trek-Fans eröffnet. Eyecatcher im Außenbereich ist die Ariane-Rakete mit dem Space Shot.

Spielzeugmuseum (E 6)

Schnoor 24
Tel. 32 03 82
tgl. 11–19 Uhr, Jan.–Ende März So nur bis 18 Uhr
Eintritt: 1,50 €
Haltestelle: Domsheide
Im ersten Stock befindet sich dieses kleine Museum. Hier kann man sich von Teddybären, Porzellanpüppchen oder alten Kaufläden in die eigene Kindheit versetzen lassen.

Städtische Galerie im Buntentor (E 7)

Buntentorsteinweg 112
Tel. 361 598 26
Fax 361 69 20
Während Ausstellungen Di–Sa 12–18, So 11–18 Uhr
Eintritt: 2 €; ermäßigt 1 €
Die Städtische Galerie in alten Räumlichkeiten der Remmer Brauerei versteht sich als Galerie für Kunst aus Bremen und umzu, wobei die aktuellen Positionen hiesiger Künstler im internationalen Vergleich betrachtet werden. Hier wird alljährlich der Preis für Gegenwartskunst verliehen.

Tischlereimuseum (F 6)

Köpkenstr. 18–20
Tel. 17 17 03, 70 38 11
geöffnet n. V.
Eintritt: 3 €
Haltestelle: Theater am Goetheplatz

Historische Hand- und Maschinenwerkzeuge des Tischlerhandwerks sind hier zu sehen. Interessant: ein Ensemble restaurierter Maschinen zur Holzbearbeitung aus der Zeit vor 1900.

Überseemuseum (F 4)

Bahnhofsplatz 13
Tel. 16 03 81 01
www.uebersee-museum.de
Di–Fr 9–18, Sa/So 10–18 Uhr
Eintritt 6 €, ermäßigt 2,50 €
Haltestelle: Hauptbahnhof
Entstanden aus der Tradition des kolonialen Handels zeigt das Museum Exponate aus der Südsee, aus Afrika, Amerika und Asien, dabei richtet sich der Blick heute nicht nur auf das Bestaunen von Objekten aus fremden Kulturen, sondern ebenso – zumindest dezent – darauf, auch die politischen und wirtschaftlichen Zusammenhänge zu erschließen. Mit der Neugestaltung der Abteilung Ozeanien, die sich nun unter dem Motto ›Ozeanien – Lebenswelten in der Südsee‹ präsentiert, wird der Bezug zur heutigen Situation in den Ländern stärker ausgeprägt. Auch die anderen Abteilungen werden sich verändern. Zum Museum gehört das **Übermaxx** im nahen CinemaxX-Kino, als modernes Arsenal des Museums, genannt ›Schaumagazin‹.

Highlight 11

Universum® Science Center (H 1)

Wiener Str. 2
Tel. 33 46-0
Fax 33 46-109
www.universum-bremen.de
Mo–Fr 9–18, Sa/So und Feiertage 10–19 Uhr; letzter Einlass 90 Min. vor Schließung
Preise: 10 €, ermäßigt 6 €
Haltestelle: Wiener Straße, Uni NW 1
Das Universum® Science Center fällt sofort ins Auge. Silbern glitzert der Walfisch (oder die Muschel) am Rand des Technologieparks. Das Center präsentiert Wissen und Wissenschaft rund um Mensch, Erde und Kosmos in Form von interaktiven Exponaten in 250 Stationen. Die Besucher werden selbst zu Entdeckern und Forschern. Das Center gliedert sich in drei Themenschwerpunkte. **Expedition Mensch** beschäftigt sich mit dem Menschen von der Zeugung über Sinne, Gefühle bis zum Denken. **Expedition Erde** betrachtet unseren Planeten vom Erdkern bis in die Atmosphäre; Wind, Wasser, Eis, die Macht des Wassers an einem Flusslauf und am Erosionsbecken etc. werden erlebbar. **Expedition Kosmos** schließlich führt in die Weiten des Weltalls und zu den kleinsten Bausteinen der Materie. Eine Wärmekamera macht Temperaturen sichtbar, eine Nebelkammer die Spuren zerfallender Atome etc.

Wilhelm-Wagenfeld-Haus (F 6)

Am Wall 209
Tel. 338 81 16
www.wilhelm-wagenfeld-stiftung.de
Di 15–21, Mi–So 10–18 Uhr (nur im Rahmen von Sonderausstellungen)
Eintritt: 3,50 €; ermäßigt 1,50 €
Haltestelle: Theater am Goetheplatz
Im Wilhelm-Wagenfeld-Haus haben die Wilhelm-Wagenfeld-Stiftung und das Design Zentrum Bremen ihren Sitz. Der Arbeit des Bremer Designers Wagenfeld (1900–90) verpflichtet zeigt man hier in Wechselausstellungen von ihm gestaltete Produkte (ganz berühmt und bekannt: die Salz- und Pfefferstreuer ›Max‹ und ›Moritz‹) sowie zeitgenössisches Design.

Gärten und Parks

Bürgerpark (G/H 2–F/G 4)

Parkverwaltung: Schweizerhaus
Tel. 34 20 70, Mo–Fr 8–17 Uhr
www.bremen.de/info/buergerpark
Haltestelle: Bürgerpark
Bootsverleih am Emmasee: ca. April–Sept. tgl. 14–18 Uhr (nicht bei Regen)
Minigolf am Emmasee; Tel. 349 88 80, April–Okt. (nicht bei Regen), Mo–Fr 10–20, Sa/So 11–20 Uhr)
Kremser-Fahrten: nur Mi und nur für Gruppen, buchbar via Parkverwaltung

1865 entstand die Idee, einen Waldpark anzulegen, womit der Landschaftsgärtner Wilhelm Benque (1814–95) beauftragt wurde. Benque hatte zuvor den New Yorker Central Park gesehen und schuf eine damals in Deutschland noch unbekannte Art des Landschaftsparks. Weitläufige Grünflächen im Wechsel mit bewaldeten Arealen, Wege und Wasserläufe sowie Gebäude wurden angelegt und gebaut. Pflanzen und Sträucher, die Bremer Kaufleute aus Übersee mitbrachten, wurden integriert. Zu den ersten Gebäuden im Park gehörten das Parkhaus (inzwischen längst vom luxuriösen Parkhotel, s. S. 33) abgelöst, die Meierei (1880 im Stil eines Schweizer Chalets erbaut, heute Restaurant; s. S. 41), das Waldschlösschen (heute die Waldbühne; s. S. 63), das Schweizer Haus etc.

Heute nutzen Alt und Jung den Park: zum Flanieren, zum Ausruhen oder Spielen auf den Liegewiesen, zum Joggen, Radfahren, Skaten oder für Fahrten mit dem Ruderboot. Für Kinder gibt es einige Spielplätze und ein Tiergehege mit einheimischen Tieren.

Der Park ist ein echter Bürgerpark, getragen durch die Mitgliedsbeiträge zum Bürgerparkverein, aus Spenden, Vermächtnissen, Pachteinkünften, der Bürgerpark-Tombola – typisch für das Selbstverständnis der Bremer Bürger. Zahlreiche Bremer Kaufmannsfamilien haben im Park steinerne Sitzbänke und Brücken gestiftet, etwa die Melchersbrücke. Sehenswert sind auch der Marcus-Brunnen oder die Heine-Bank.

Heute bildet der Park zusammen mit dem angrenzenden Stadtwald eine Grünfläche von 200 ha.

Heinekens Park (außerhalb M 2/3)

Oberneulander Landstraße
Haltestelle: Kapitän-König-Weg

Dieser Park ist nur teilweise der Öffentlichkeit zugänglich. Der Bereich mit dem Herrenhaus von 1790/1871 ist privat. Das mit einem von Säulen getragenen Vordach versehene Hofmeierhaus zur Straße hin beherbergt die Galerie Mönch (s. s. 98). Heinekens Park wurde 1832–37 auf Veranlassung des Senators Johann Heineken von den Gartenarchitekten Wilhelm Benque, der auch Bürgerpark und Knoops Park gestaltete, und Isaak Altmann angelegt. Besonders ins Auge fällt – schon von der Straße aus – das Heckentheater aus Hainbuchen.

Höpkens Ruh (außerhalb M 2/3)

Oberneulander Landstr. 69
Haltestelle: Höpkens Ruh

Der Park wurde 1799–1825 angelegt. 1877 vermachte der Bremer Kaufmann Johann Höpken der Stadt Bremen die 7 ha große Anlage, allerdings musste Bremen sich verpflichten, den Landschaftsgarten zu erhalten und eine Gastronomie zu etablieren (s. S. 39). Kleine, gewundene Wege, Hügel, Teiche und Bäche, ein Lindenrondell und eine Eichenallee machen diesen Garten zu einem Kleinod. Wenn man Höpkens Ruh besucht, lohnt ein Blick in den Heinekens Park (s. S. 101).

Knoops Park (Karte Bremen-Nord)

s. Tour 5, S. 116

Riensberger Friedhof (J 3)

Eingänge: Friedhofstraße, Riensberger Straße und H.-H. Meierallee
Haltestelle: Friedhofstraße, H.-H. Meier-Allee
Der Friedhof, den Wilhelm Benque Ende des 19. Jh. gestaltete, liegt hinter dem Focke-Museum. Auf dem parkähnlichen Areal mit See und Wasserlauf ruhen u. a. bekannte Bremer Persönlichkeiten: so der Flugzeugbauer Heinrich Focke, die Bürgermeister Johann Smidt und Wilhelm Kaisen, der Kaffeekaufmann Ludwig Roselius, Bundespräsident Karl Carstens usw. Besonders sehenswerte Grabmale säumen das nördliche bzw. nordöstliche Seeufer.

Highlight 12

Rhododendron-Park und botanika (L/M 3)

Markusallee 60 (Haupteingang)
Tel. 361-30 25
tgl. 7.30–bis Sonnenuntergang
Park: frei zugänglich
botanika:
Tel. 361-30 25 oder 361-39 34
www.botanika.net
Mo–So 9–18 Uhr (24.–31.12. geschlossen)
Eintritt botanica: Erwachsene 9 €, ermäßigt 6 €, auch Familienkarten
Haltestelle: Rhododendronpark
Der Park geht zurück auf einen Wildpark mit Wasserläufen und Baumbestand, den der Kaufmann Willy Rickmers Ende des 18. Jh. anlegte. Ab 1936 wurden dann Rhododendren und Azaleen gepflanzt. Der Park mit seinem beeindruckenden Baumbestand, den gewaltigen Rhododendren, dem Stein-

und Heidegarten, dem Botanischen Garten sowie dem Rosengarten lohnt zu jeder Jahreszeit einen Besuch. Vor allem aber ist er zur Zeit der Rhododendron-Blüte ein Traum (ca. April–Juli, Hochblüte um den 20. Mai). Auch für Freunde von Azaleen und Fuchsien lohnt sich ein Besuch (Azaleenmuseum mit Schau, Deliusweg, 20.3–1.5.; Fuchsienschau 15.6.– 3.10., tgl. 10–16 Uhr)

In den Park integrierte man das so genannte grüne Science Center **botanika.** Hier werden geologische und klimatische Gegebenheiten der Erde teils multimedial präsentiert. Außerdem gibt es Einblicke in die Welt des Himalaya, den Berg-Regenwald Borneos und einen japanischen Steingarten.

Wallanlagen (D 4–F 6)

Rund um die der Weser abgewandte Seite der Altstadt ziehen sich die Parkanlagen auf dem Areal der früheren Bastionen, Gräben und Wallmauern, die die Stadt einst schützten. 1803 wandelte man dieses Areal in einen Promenadenpark um, wobei der Stadtgraben erhalten blieb.

Besonders attraktiv und zentrumsnah ist der Bereich vom östlichen Ende bei der **Altmannshöhe** mit ihrem Ehrenmal bis zur **Wallmühle** am Herdentor (von 1833; heute Restaurant-Café). Auf dem Weg Richtung Wallmühle entdeckt man ein Denkmal für den Arzt und Astronomen **Wilhelm Olbers** (1758–1840), dann den **›Jüngling‹** von Herbert Kubica von 1936, der mit dem Mahnmal **›Erinnern für die Zukunft – Lidice‹** von Jürgen Waller von 1989 kontrastiert. Des Weiteren stößt man auf den **›Rosselenker‹** von Louis Tuaillon von 1900 und am Theaterberg, der nach Zerstörung des Stadttheaters übrig blieb, auf **›Die Liegende‹** von Gerhard Marcks. Interessant für die Stadtgeschichte ist die marmorne Vase von Carl Steinhäuser. Sie zeigt ein Relief mit dem **›Klosterochsen-Umzug‹.** Früher trieb man nämlich beim Freimarkt geschmückte Ochsen durch die Stadt, die dann zu Gunsten des Hospitals des Franziskanerklosters (s. S. 91) geschlachtet wurden.

Neben den Skulpturen finden sich Relikte, die an die alte Stadtmauer erinnern: zum einen, außerhalb des Grüns natürlich **Gerhard-Marcks-** und **Wagenfeld-Haus** (s. S. 100, aber auch Höhe Bischofsnadel ein kleines **Wachhäuschen** (heute Backwarenverkauf). Der Name Bischofsnadel entstand, weil es dort zu Bischofs Zeiten eine kleine Pforte gab, durch die der hohe Herr ohne Aufsehen die Stadt verlassen oder betreten konnte.

Ländliche Idylle im Bürgerpark, Blick von der Melchersbrücke auf die Meierei

Ausflüge

Der Barkenhoff: Hort des Jugendstils, heute Vogeler-Museum

Worpswede

Die Teufelsmoor-Landschaft rund um den Weyerberg (57 m) mit dem Dorf Worpswede zog Ende des 19. Jh. eine Gruppe von Künstlern an: Fritz Mackensen, Otto Modersohn, Hans am Ende, Fritz Overbeck, Carl Vinnen, Heinrich Vogeler, Paula Modersohn-Becker, Clara Westhoff und Rainer Maria Rilke waren fasziniert vom Spiel von Farben dieser Landschaft, geschaffen von Sonne und Wolken, von Nebel und Regen.

Reizvoll ist das von Bernhard Hoetger geschaffene Ensemble der **Großen Kunstschau** (Lindenallee 3) im Verbund mit dem **Kaffee Worpswede,** letzteres heißt im Volksmund Kaffee Verrückt. Verrückt, weil das Ziegelstein-Fachwerkhaus außen wie innen expressionistische mit Elementen aus der nordeuropäischen Mythologie und von Kulturen exotischer Völker verbindet. Hier wird kreativ gekocht (Mo/Di geschl.; Tel. 04792/10 28). Die Große Kunstschau, die Bilder der genannten Künstler zeigt, ist wegen Sanierungsarbeiten geschlossen. Ein Teil der Werke wird vorläufig im bisherigen **Ludwig-Roselius-Museum für Frühgeschichte** gezeigt. Dieses wird zukünftig in ein Forum zeitgenössischer Kunst mit integriertem Bereich für zeitgenössische Worpsweder Kunst umgewandelt.

Auf dem Weg zum Barkenhoff kann man sich die **›Käseglocke‹** (Lindenallee) anschauen, erbaut nach einer Skizze Bruno Tauts und heute ein kleines Museum für regionale angewandte Kunst (Lindenallee; Tel. 04792/12 77; tgl. 11–16 Uhr, Jan. geschl.).

In der Ostendorfer Str. 10 erwarb Heinrich Vogeler 1895 ein Bauernhaus, das er vollständig umbaute: Der **Barkenhoff** wurde zum lebendigen Gesamtkunstwerk und Treffpunkt der Künstler. Nach dem 1. Weltkrieg wandelte der vor allem als Jugendstil-Künstler bekannte Vogeler, nun ein radikaler Linker, das Haus in eine Kommune um. Der Barkenhoff zeigt heute Gemälde und Design von Vogeler sowie Wechselausstellungen. Nach Vogelers Plänen entstand auch der **Worpsweder Bahnhof.**

Das **Museum am Modersohn-Haus,** einst das Haus Paula Modersohn-Beckers, zeigt alte Worpsweder Meister (Hembergstr. 19, Tel. 04792/47 77; tgl. 10–18, Nov.–März Mo–Fr bis 17 Uhr).

Im **Haus im Schluh** (Im Schluh 33; Tel. 04792/522 u. 95 00 61; 16.3.–30.10. tgl. 14–18 Uhr), wohin sich Vogelers erste Frau Martha zurückzog, leben noch heute Nachfahren. Man kann Webarbeiten nach Vogeler-Entwürfen erwerben, Wechselausstellungen.

Der Moorkommissar Jürgen Christian Findorff veranlasste 1757–59 den Bau der **Worpsweder Kirche,** auf deren **Friedhof** Paula Modersohn-Becker, Hans am Ende und Mackensen ruhen.

Interessante Galerien sind die **Kunsthalle Friedrich Netzel** (Bergstr. 17; Tel. 04792/12 77, tgl. 10–18 Uhr), die **Galerie Cohrs-Zirus** (Bergstr. 33) und das **Kunstzentrum Alte Moltkerei** mit den Galerien Bernack und Art 99 (Osterweder Str. 21, Di–So 11–18 Uhr, Tel. 04792/26 92 u. 36 36).

Shoppen: In der Passage an der Bergstraße findet man Antik und Trödel ebenso wie die Goldschmiede Helmut von Kleists (Bergstr. 32, Di–So 15–18 Uhr, www.kleist-schmuck.de). Das Bauernhaus Casa di Mobili (Straßentor 2, Mo–Sa 10–13, 15–18, So 13–18 Uhr) birgt Möbel und Accessoires.

Fischerhude

Ins idyllische, von Wasser umschlossene, von alten Gehöften geprägte Fischerhude zogen sich Otto Modersohn und andere Worpsweder zurück. Herrlich, um entlang der Wasserläufe spazieren zu gehen, das **Otto-Modersohn-Museum** (In der Bredenau 88, Tel. 04293/328, tgl. 10–13, 14.30–18 Uhr, Nov.–Ende März nur Sa/So) oder das **Heimathaus Irmintraut** (Kirchstraße 2, Tel. 04293/492, Di–So 11–13, 15–17 Uhr) zu besuchen. Wie in Worpswede gibt es viele Einkehrmöglichkeiten, etwa das Rilke Café In der Bredenau oder Körbers Gasthof (Im Krummen Ort, Tel. 04293/461), ein Hort ländlich-üppiger Gastlichkeit.

Anreise

Worpswede: Linienbus ab Bremen Hbf. Tourist-Info: Philine-Vogeler-Haus, Bergstr. 13, Tel. 04792/93 58 20

Bremerhaven: Zug ab Bremen Hbf, dann Bus (z. B. 501 bis Schifffahrtsmuseum). Tourist-Info Hafeninsel, H.-H.-Meier-Str. 6, Tel. 0471/946 46-120.

Bremerhaven

In Bremens Schwesterstadt, 1827 ca. 60 km weserabwärts gegründet, liegen die touristischen Ziele alle im Hafenbereich. Einen Eindruck vom Hafen mit der Columbuskaje als Kreuzfahrtschiff-Terminal und dem Containerhafen (zukünftig mit fast 5 km langer Pier) gewinnt man bei einer **Hafenrundfahrt** (s. S. 22).

Das **Deutsche Schifffahrtsmuseum** (Hans Scharoun-Platz 1, www.dsm.de, Tel. 0471/482 07-0; tgl. 10–18 Uhr, 1.11.– 31.3. Mo geschl.) und die im Alten Hafen zu besichtigenden Schiffe erzählen von der Geschichte der Seefahrt.

Und dann ist da noch der **Fischereihafen,** wo am Fischkai die Fisch- und Krabbenkutter liegen und wo man im Schaufenster Fischereihafen Maritimes erstehen und vieles rund um den Fisch lernen – und Fisch essen – kann.

Schön für Kinder ist der Besuch des neu mit Abenteuerspielplatz und künstlichen Felsen gestalteten **Zoos am Meer** (H.-H.-Meier-Str. 5, Tel. 0471/308 41 41,www.zoo-am-meer-bremerhaven.de; April–Sept. tgl. 9–19, März/Okt. 9–18, Nov.–Febr. 9–16.30 Uhr). Hier leben Eisbären, Seelöwen, Pinguine, Affen, Meeresvögel und manch anderes Getier.

Extra-

Fünf Touren in Bremen

1. Sögen, Musikanten, Faule und Originale – Bremer Histörchen in der Innenstadt
2. Im Viertel: Ostertor und Steintor: Kulturprojekte und ›Bremer Häuser‹ im Szene- und Kneipenviertel der östlichen Vorstadt

Alle Touren sind auf dem großen Faltplan eingezeichnet

Touren

3. Stadt am Fluss – Durch die Neustadt zum Schlachte-Ufer
4. Knoops Park – Ein Spaziergang durchs Grüne in Nord-Bremen, entlang der Lesum zur Lesmona-Villa
5. Auf der Spur alter Handelshäuser – Kaufmannsherrlichkeit in der Altstadt und im Stephani-Viertel

Tour 1

Der ›Lichtbringer‹ in der Böttcherstraße

Sögen, Musikanten, Faule und Originale

Den Beginn der Fußgängerzone Sögestraße markiert eine **Bronzegruppe aus Sauen** (niederdeutsch Sögen), **Hirt und Hund.** Sie erinnert daran, dass einst hier Schweine hinaus auf die Bürgerweide getrieben wurden. Besonders Kinder lieben die Skulptur.

Von der Sögestraße zum Domshof

Die Sögestraße ist eine lebendige Einkaufsstraße – mit Straßencafé, Straßenmusikanten und -künstlern und natürlich großen Geschäften. Durch die Katharinenklosterpassage – Reste des alten Klosters finden sich im Restaurant Der Andechser – und die Domhofspassage gelangt man vorbei an edlen kleinen Läden auf den Domshof, auf dem täglich außer sonntags der größte Bremer Markt abgehalten wird. Auf dem Domshof (s. S. 59) fallen zwei bildhauerische Arbeiten ins Auge: direkt am Ende der Passage eine Arbeit von Bernd Altenstein und Richtung Dom der **Neptun-Brunnen** von Waldemar Otto: Der Meeresgott Neptun rast auf seinem von Pferden gezogenen Wagen durchs Meer. Auch sollte man sich einmal nach links dem Brautportal des Doms zuwenden. Ca. 20 m vor dem Portal ist ein unscheinbarer, lediglich durch ein Kreuz kenntlich gemachter Stein ins Pflaster eingelassen, der als **Spuckstein** bekannt ist: Er erinnert an die letzte öffentliche Hinrichtung, die hier stattfand: die Enthauptung der Giftmischerin Gesche Gottfried 1831. Und die Bremer spuckten auf den Stein, um ihren Abscheu vor der Mörderin zum Ausdruck zu bringen.

Bremer Sagen

Auf dem Marktplatz, den Blick gen Dom gerichtet, steht der **Roland,** das Symbol der Stadtfreiheit (s. S. 91): In Bremen heißt es, solange der Roland auf seinem Sockel steht, bleibt die Freiheit der Stadt erhalten. Um kein Risiko einzugehen, ummauerte man ihn im Zweiten Weltkrieg – er überstand die Bombenangriffe von 1944/45, und Bremen ist noch heute Freie Hansestadt.

An der Nordwestecke des Rathauses steht eine zweite, untrennbar mit Bremen verbundene Skulptur: die der **Bremer Stadtmusikanten.** Wohl jedes Kind – sogar in Japan – kennt das Märchen von den vier Tieren – die Bremen zwar als Ziel hatten, die Stadt aber nie erreichten. Fassen Sie den Esel an beiden! Vorderläufen an, reiben Sie sie und wünschen Sie sich etwas. Es soll in Erfüllung gehen. Die Bronzearbeit schuf der Bildhauer Gerhard Marcks.

In der Böttcherstraße

Vom Marktplatz betritt man unter dem vergoldeten Relief des **Lichtbringers** hindurch die Böttcherstraße (s. S. 84). Die einstige Gasse der Böttcher ließ der Kaffeekaufmann und Mäzen Ludwig Roselius von den Architekten Runge und Scotland sowie dem ›Allround-Künstler‹ Bernhard Hoetger im 20. Jh. zu einem Gesamtkunstwerk umgestalten. Roselius ist auch das Paula-Modersohn-Becker-Museum zu verdanken. Im Handwerkerhof steht Hoetgers **Sieben-Faulen-Brunnen.** Faulheit macht erfinderisch: Sieben Bremer Brüdern war es zu beschwerlich, Wasser aus der Weser herbeizuschaffen, so bohrten sie einen Brunnen; sie pflanzten Bäume, um nicht in den Wald zum Holzschlagen zu müssen usw.

Wer zur rechten Zeit vor Ort ist, sollte sich das Glockenspiel anhören und sich die dann zu sehenden **10 Tafeln der Ozeanbezwinger** im Haus des Glockenspiels (s. S. 88) anschauen. Im angrenzenden **Hoetgerhof** finden sich weitere Skulpturen des Bildhauers.

Durch die Passage geht es von hier Richtung Balgebrückstraße. Der Straßenname erinnert an Brücken, die vor der Verrohrung der Balge diesen Nebenarm der Weser überspannten. Die Balge floss damals durch den Schnoor, einst Viertel von Seeleuten und Fischern und bildete den ersten Weserhafen.

Im Schnoor

Das Schnoorviertel (s. S. 83) ist eine Welt für sich: Antiquitäten- und Kuriositätenläden, Kunsthandwerker, Cafés und Restaurants beleben das pittoreske Viertel. Am Stavendamm (Staven = beheizte Stube) erinnert ein **Brunnen** an frühere Badestuben: Hort der Hygiene, aber wohl auch Stätte ›sittenlosen Treibens von Männern und Frauen‹.

Das Packhaus St. Jacobus, in der Gasse Wüste Stätte, ist das älteste erhaltene Lagerhaus in der Altstadt. Die **Statue des hl. Jakob** über dem Eingang verweist darauf, dass hier eine Herberge Pilgern auf dem Jakobsweg nach Santiago de Compostela Schutz gewährte.

An ein Schnoor-Original, genannt **Heini Holtenbeen,** erinnert eine Bronzeskulptur. Nach einem Sturz aus einer Bodenluke trug er ein Holzbein und verdiente sich sein Geld mit kleinen Handlangertätigkeiten und Almosen – die er stets behauptete, dereinst zurückzuzahlen. Er war seiner schalkhaften Aussprüche wegen beliebt.

Zum Schluss sollte man vor dem Haus Schnoor Nr. 41 den **Ottjen-Alldag-Brunnen** von Klaus Homfeld betrachten. Er erinnert an Georg Droste (1866–1935) und dessen plattdeutschen Roman ›Ottjen Alldag‹, die Geschichte einer Kindheit in Bremen.

Tour-Info

Startpunkt: Sögestraße bei den Schweinen
Anfahrt: Mit der Straßenbahn bis Herdentor
Glockenspiel in der Böttcherstraße tgl. 12, 15, 18 Uhr
Besichtigungen:
Paula-Modersohn-Becker-Museum und Roselius-Haus (s. S. 97)
Packhaus-Museum (s. S. 99)
Himmelssaal im Haus Atlantis (s. S. 88)
Einkehrmöglichkeiten: Alex (s. S. 63), Café Freitag (s. S. 34), StäV (s. S. 42) sowie unzählige Cafés und Restaurants im Schnoor (s. S. 83)
Endpunkt: Schnoor
Dauer: 1 bis mehrere Stunden

Tour 2

Feinkost Holtorf, ein alter Krämerladen im Viertel

Im ›Viertel‹: Das Ostertor

Das Viertel, das sind Ostertor und Steintor in der Östlichen Vorstadt. Steht man am Theater am Goetheplatz, hat man den Innenstadtbezirk bereits verlassen. Beim Blick zurück Richtung Kunsthalle erinnern das Gerhard-Marcks-Haus rechts und das Wilhelm-Wagenfeld-Haus (s. S. 100) links an ehemalige Torhäuser der längst abgetragenen Stadtbefestigung. Im 19. Jh. begann die systematische Bebauung in der Vorstadt, teils mit Villen und großzügigen Bremer Häusern (s. S. 14, z. B. Contrescarpe) der Wohlhabenden, aber auch mit einfacheren Varianten Bremer Häuser.

Ostertor- und Steintor heute, dass ist das Wohnen und Leben der Szene, der Linken, der Künstler, der Alternativen, auch von Punks und Junkies. Doch nicht nur und auch nicht nur jung. In den edleren der Bremer Häuser hat sich ein gut situierter Mittelstand niedergelassen.

Um ein Gefühl für das Treiben im Viertel zu gewinnen, bietet es sich an, direkt am Goetheplatz einen Stopp im Theatro (s. S. 45) oder im Casablanca (s. S. 44) einzulegen, um von dort das Treiben auf dem O-Way, dem Ostertorsteinweg, der Schlagader des Viertels, zu beobachten.

Von Leinen, Bier und einem Kloster

Versteckt neben Goethetheater und Villa Ichon beginnt die **Bleicherstraße.** Ihr Name geht auf das im Bereich des dahinter liegenden Deichs früher übliche Bleichen von Leinen (früher wichtiges Bremer Exportgut) zurück. Hier nutzt das Bremer Theater die ehemalige **St. Pauli Brauerei** (den Namen St. Pauli benutzt noch die Brauerei Beck & Co. für ein in den USA als St. Pauli Girl verkauftes Bier). Kurz bevor die **Kreuzstraße** mit ihren eher einfachen, quasi in Serienproduktion erstellten Bremer Häusern beginnt, geht es in die Straße Am Pauls Kloster, das Kloster existiert jedoch nicht mehr.

Von besetzten Häusern

In der **Köpkenstraße** entstand 1972, im Zuge von Anarcho, APO und der Linken allgemein, in – nicht genehmigter – Eigenregie der Anwohner, die erste Bremer Fußgängerzone. Die ehemalige **Brotfabrik,** Weberstraße 18, wurde 1976 besetzt und darin die AUCOOP (Verein Ausbildungsiniative) aufgebaut. Schräg gegenüber steht der **Wienerhof,** ein ebenfalls ehemals instandbesetztes Jugendstil-Haus.

Das **Kulturzentrum Lagerhaus** in der Schildstraße, einst Lager des Bremer Konsumvereins, ebenfalls einmal besetzt, lässt sich aus der Bremer Kulturszene nicht mehr wegdenken. Hier wird Kultur geplant und gemacht, ob Breminale oder Viertel-Fest – vieles die Bremer Szene Belebende hat hier seinen Ursprung. Und last but not least befindet sich in der Bernhardstraße 10/11 die **Lila Eule,** Disco, Jazzclub – und ein Ort der APO: Hier politisierten Rudi Dutschke, Fritz Teufel, Horst Mahler und andere. Berühmt-berüchtigt ist – bis – heute die Sielwallkreuzung, ewiger Hotspot der Szene, leider auch mit Krawallen und mit Drogen.

Historisches und Kulinarisches

Wer jetzt relaxen will, dem sei an der Sielwallkreuzung ein kleiner Schlenk nach Rechts empfohlen. Ecke Fehrfeld/ Vor dem Steinfeld lockt das **Café Piano** mit fast Pariser Atmosphäre. Wer weiter will: Das **Feinkostgeschäft Holtorf,** Ostertorsteinweg 6 (gegenüber der Schildstraße) ist mit seiner originalen Jugendstileinrichtung von 1903 ein Must. Am Dobben 69 duftet es dann verführerisch. Hier sitzt die **Kaffeerösterei Hemken,** Reminiszenz an die vielen kleinen Röstereien, die es früher im Viertel gab.

Von einfachen und luxuriösen Bremer Häusern

Vorbei am Ortsamt in der ehemaligen Rutenberg-Villa, geht es in die **Mathildenstraße,** benannt nach der Ehefrau Rutenbergs, die herrliche Beispiele großzügiger Bremer Häuser bietet. An den Häusern Nr. 99 und 100 etwa fallen kannelierte Säulen an den Portalvorbauten ins Auge, an Nr. 94 Skulpturen. Über die Feldstraße geht es über den Dobben zur **Kreftingstraße,** ein weiteres Beispiel einer einheitlichen Bebauung mit Bremer Häusern. Sie stößt auf die kleine Straße **Beim Steinernen Kreuz,** wo zwischen den Häusern 10 und 12 ein steinernes Kreuz an die Hinrichtung des Ratsherrn Johann Vasmer im 15. Jh. erinnert. In Haus Nr. 1 betreibt Brigitte Seinsoth ihre Galerie (s. S. 98).

Über die Wulwesstraße geht es dann in den nur 3 m breiten **Landweg.** Rechter Hand sieht man (Nr. 32–34) eingeschossige Bremer Häuser, Kleine-Leute-Häuser, links (Nr. 21–27) identisch gestaltete, etwas großzügigere Bauten. Das moderne Haus Nr. 10 greift in seiner Fassadengestaltung den Stil der Bremer Häuser auf. Durch die Rutenstraße gelangt man zur **Kohlhökerstraße,** in der die Nr. 19 als ausgefallene Stadtvilla mit üppigen weißen Stuckaturen ins Auge fällt, oder auch die gegenüberliegenden prächtigen Häuser Nr. 52–54. Die Kohlhökerstraße führt auf den Präsident-Kennedy-Platz mit der ehemaligen US-Botschaft zu.

Die **Contrescarpe,** dem Verlauf der Wallanlagen folgend, wiederum birgt typische Bremer Häuser (Nr. 34, 35) sowie Villen wie die ehemalige Villa Bürgermeister Smidts, heute Sitz des Senators für Inneres. Der Blick nach rechts in die Wallanlagen eröffnet immer wieder schöne Ausblicke, bis man den Goetheplatz erreicht.

Tour-Info

Startpunkt: Goetheplatz
Anfahrt: Mit der Straßenbahn bis Theater am Goetheplatz.
In der **Köpkenstraße 18–20** befindet sich im Souterrain eine Werkhalle aus dem 19. Jh., in der die Tischlerinnung ein Tischlerei-Museum mit historischen Geräten unterhält, das an die handwerliche Tradition im Viertel erinnert (s. S. 99).
Dauer der Tour: ca. 2 Stunden

Tour 3

Das Neue Museum Weserburg, einst Speicherhäuser für den Überseehandel

Stadt am Fluss – In die Neustadt

Die Bremer Neustadt entwickelte sich aus einer Befestigungsanlage des Dreißigjährigen Krieges. Ab 1642 siedelten hier vor allem Angehörige der ärmeren Schichten. Im 18. Jh. besaßen Bewohner der Altstadt Gärten am Deich und genossen Spaziergänge entlang der Weser. Zu den Berufsgruppen, die einst hier ansässig waren, gehörten u. a. Zigarrenmacher und Bierbrauer. Wer heute vom Teerhof aus über die Weserinsel bzw. Werderhalbinsel die Neustadt besucht, trifft auf Spuren dieser alten Traditionen ebenso wie auf eine junge Kultur- und Kunstszene.

Der Teerhof

Auf der Bürgermeister-Smidt-Brücke bzw. der so genannten **Teerhofbastion** steht seit 1996 das Objekt ›The Triangles‹ des amerikanischen Künstlers Sol Le Witt. Der Name Teerhof erinnert daran, dass hier im Mittelalter Schiffe gebaut und die Fugen in deren Wänden mit Teer abgedichtet wurden. Später entstand auf dem Areal eine Speicherstadt, die im Krieg weitgehend zerstört wurde. Nur vier alte Speicher, frühere Kaffeelager, wurden saniert und beherbergen seit 1991 das **Neue Museum Weserburg** (s. S. 97) und gegenüber die **Gesellschaft für Aktuelle Kunst** (s. S. 96). Beide Stätten bieten die Gelegenheit sich mit moderner Kunst zu beschäftigen. Die übrige Bebauung wurde in den 1990er Jahren als Edel-Wohnquartier, in der Außenwirkung bemüht, den alten Charakter der einstigen Speicherstadt aufzugreifen, erbaut. Von der nördlichen, der Weser zugewandten Seite, bietet sich ein schöner Blick auf die Bremer Altstadt mit Schlachte, Martinikirche und den Spitzen des Doms.

Bremen und das Wasser

Wir folgen nun der Altstadtseite des Teerhofs unter der Wilhelm-Kaisen-Brücke hindurch und gehen über das Franziuseck zur **Werderstraße.** Das Denkmal für Ludwig Franzius (1832–1903) erinnert an den Wasserbauingenieur, der die Weserkorrektion durchführte, mit der die Fließgeschwindigkeit des Wassers erhöht und eine Versandung verhindert wurde. Die Bedeutung des Wassers belegen auch die an der Werderstraße befindliche Deutsche Gesellschaft zur Rettung Schiffbrüchiger, deren Seenotleitung die Einsätze in Nord- und Ostsee koordiniert, die **Hochschule für Nautik** (heute Teil der Hochschule Bremen) mit dem Olbers-Planetarium und die ›Umgedrehte Kommode‹. Bei diesem gedrungenen Bauwerk, an den Ecken von kurzen

Türmchen überragt, handelt es sich um den ältesten Wasserturm Bremens (1873), erbaut im Stil des Historismus. Der Turm ist außer Betrieb. Wer rasten möchte: im ehemaligen Pumpenhaus unterhalb des Turms ist das italienische Restaurant Bellavista zu finden.

Zur Neustadt

Die Werderstraße geht in den Weg Zum Kuhhirten über. Quer durch Kleingärten gelangt man auf die andere Seite der Weserinsel, wo eine Fußgängerbrücke über die **Kleine Weser** an das Neustadt-Ufer führt. Durch den Deichschart (ein verschließbarer Deichdurchbruch) erreicht man den Buntentorsteinweg. (Wer es schattiger mag, kann vom Wasserturm zurück bis zur Fuldastraße gehen, auf dieser das Inselufer erreichen und ihm auf einem Weg nach links bis zur Brücke folgen. Schöne Blicke auf die Bebauung am Neustadtufer).

Zigarrenmacher, Bierbrauer und moderne Kunst

An der Bushaltestelle Kirchweg am **Buntentorsteinweg** erinnert eine Skulptur an die Tradition der Zigarrenmacher. Wer erahnen möchte, wie diese früher in einfachsten Verhältnissen lebten, sollte einen Blick in den Dunkakshof mit seinen winzigen Reihenhäusern werfen. Von dort geht es zurück und auf den Deich und nach links Richtung Innenstadt bis links Treppenstufen den Weg zur **Städtischen Galerie** (s. S. 99) weisen. Die Städtische Galerie nutzt ein Gebäude der ehemaligen Remmer Brauerei. Angeschlossen wurde ein architektonisch interessant gelöstes Projekt, die **Schwankhalle** für Musik, Theater und Kabarett. Direkt am Buntentorsteinweg erinnert das Café-Restaurant **Sudhaus** ebenfalls an die alte Brauerei. Von hier geht es rechts den Buntentorsteinweg hoch, vorbei an der Behindertenwerkstatt Martinshof, bis zum Leibnizplatz. Hier beginnen linker Hand die Neustadtanlagen. Das **Theater am Leibnizplatz** auf der anderen Seite der Friedrich-Ebert-Straße ist Spielstatt der Bremer Shakespeare Company. Passend dazu steht mitten im Verkehrsgewühl des Platzes Christoph Fischers Skulptur ›Der Gaukler‹.

Vom Neuen Markt zur Schlachte

Über den Neustadtswall, dem Verlauf der ehemaligen Stadtbefestigung ein Stück folgend, geht es dann über die Piersigstraße zum **Neuen Markt** – einst Pferde- und dann Schweinemarkt. Von den alten Gasthöfen der Fuhrleute ist nichts mehr erhalten, und auch die Kneipe, in der in jungen Jahren der spätere Reichspräsident Friedrich Ebert sein Geld verdiente (Ecke Braut-/Westerstraße), steht nicht mehr. Dafür steht ein kleiner Roland von 1737 als Bestandteil eines Brunnens auf dem Platz. Durch die Brautstraße erreicht man die idyllische Straße **Am Deich** mit dem Künstlerhaus und Restaurant Am Deich. Über Brautbrücke, Teerhof und Teerhofbrücke erreicht man an der Schlachte (s. S. 66) wieder die Altstadtseite.

Tour-Info

Startpunkt: Teerhof (Neues Museum Weserburg)
Endpunkt: Schlachte
Anfahrt: Haltestelle Am Brill
Einkehrmöglichkeiten: Bellavista im Pumpenhaus (s. S. 40), Gastronomie der Ruder- etc. Vereine, Sudhaus (s. S. 38), Lokale an der Schlachte
Dauer: ca. 2 Std.

Villa Lesmona in Knoops Park

Tour 4

Knoops Park

Schon der **Bahnhof St. Magnus** ist mit dem Namen Ludwig Knoop (1821–94) verbunden. Knoop, ein Bremer Kaufmann aus eher einfachen Verhältnissen, baute insbesondere im Russland des Zaren Tuch- und Teppichfabriken auf und gelangte zu großem Wohlstand. Ihn wie andere Bremer Kaufleute zog es ans Ufer der Lesum, wo auf dem Geesthang ab dem 19. Jh. eine Vielzahl großzügiger Villen entstanden. Knoop schuf sich gar eine eigene Infrastruktur mit einem Schloss (heute abgerissen), Park, Villen für die Töchter, mit Bahnhof, Wasserturm, Bootsanleger.

Haus Kränholm

Vom Bahnhof aus folgt man dem Raschenkampsweg nach Süden und spaziert schon mitten durch den 65 ha großen Knoops Park. Rechts führt ein Pfad zum **Blindengarten,** wo sich durch Tasten und Riechen die Natur erfahren lässt. Ecke Raschenkampsweg/Auf dem Hohen Ufer steht **Haus Kränholm** von 1897. Die Architekten Gildemeister und Sunkel erbauten es für Wilhelm Kulenkampff, der mit einer Knoop-Tochter verheiratet war. 1971 wurde es beim Bau der Umgehungsstraße B 74 (heute A 270) um ein Geschoss verkürzt hierher verlegt.

Schloss Mühlenthal

70 m nach links steht Auf dem Hohen Ufer rechter Hand das **Westliche Torhaus** von Schloss Mühlenthal. Man folgt nun dem Fußweg am Rand von Knoops Park auf der Torhausseite weiter gen Osten, bis man das **Östliche Torhaus** erreicht, und biegt rechts in den Park ein. Nach ca. 20 m geht es an einer kleinen Wegkreuzung rechts ab zur **Statue Baron Knoops** und einem kleinen Teich, der mit einer Insel und moosbewachsener Grotte am Ufer wie verwunschen wirkt. Zurück bei Baron Knoop folgt man dem Weg nach rechts. Links versetzt auf einer kleinen Anhöhe zeigen eine Schautafel und ins Gras eingelassene Pflastersteine den Grundriss des 1933 abgerissenen **Schlosses.**

Knoop hatte 1859 Haus Mühlenthal erworben, ließ es abreißen und errichtete das Schloss, in das die Familie 1871 einzog. Die Gruppen alter Bäume verweisen übrigens auf alte Hofstätten: Knoop hatte die landwirtschaftlichen Höfe aufgekauft, ließ sie abreißen, und der Landschaftsarchitekt Benque konzipierte den Park.

Unterhalb der Terrasse befand sich an der Lesum einst der **Hafen Knoops.** Geht man von der einstigen Terrasse (die Eiche ist übrigens um die 400 Jahre alt), einige Schritte nach links, so trifft man auf die **Zwölf Aposteln,** zwölf Linden, die den Weg zu einer nicht mehr existenten Freitreppe hinab ins Mühlental weisen. Von der Terrasse (Blick gen Lesum) dem Weg nach rechts folgend und sich dann links haltend sieht man lesumseitig die **Jünglingshöhe** (unter der Aussichtsterrasse eine künstliche Grotte) und ein Stückchen weiter den Aussichtspunkt **Steinberg-Höhe.** Den Ausblick von hier über die Lesum auf die Landschaft am anderen Ufer genoss schon Baron Knoop. Folgt man dem Weg weiter, erreicht man linker Hand eine neue Brücke, die über die Wolfsschlucht aus dem eigentlichen Areal Mühlenthals hinausführt. Auf der Wiese rechter Hand findet alljährlich das **Festival Sommer in Lesmona** statt (s. S. 70).

Albrechtsburg und Schotteck

Jenseits der Wolfsschlucht wurden für zwei Töchter bzw. Schwiegersöhne Knoops stattliche Anwesen errichtet. Blickt man hinter der Brücke nach etwa 20–30 m nach links, so sieht man einen zweigeschossigen Bau: Er steht am Platz der **Albrechtsburg,** erbaut für George Albrecht, einen Knoop-Schwiegersohn.

Geht man am Kreuzweg nach rechts, so stehen dort die zugehörigen Torhäuser. Wir aber gehen weiter geradeaus und biegen erst am folgenden Weg links ab zum **Haus Schotteck.** Die mächtige Backsteinvilla, einst Sitz der Familie Wohlde (ebenfalls ein Knoop-Schwiegersohn), war einige Zeit von der Lebenshilfe belegt, soll einer neuen Nutzung zugeführt werden.

Ein Sommer in Lesmona

Von Haus Schotteck sind es 100 m bis zur **Villa Lesmona** mit der Galerie Birgit Waller und dem zugehörigen **Skulpturenpark** (s. S. 98, 99). Die Villa Lesmona gehörte ab 1882 der Familie Melchers, bis heute eine der Bremer Kaufmannsfamilien und im Chinahandel aktiv. Der Name Lesmona wurde bekannt durch die verfilmte Briefsammlung von Marga Berck, alias Magdalene Melchers, ›Ein Sommer in Lesmona‹ – die Geschichte einer unglücklichen Liebe. Auf ihren Spuren durchstreift man auf der Lesumseite den Skulpturenpark, durchquert die **Liegehallen** einer einstigen Lungenheilanstalt und geht die Treppe hinab bis nach **Nizza** (eine Platane) – ein romantischer Platz schon für Percy und Marga. Dann geht es zurück, bis Am Kapellenberg. Dort nach rechts, an der Polizei St. Magnus, dem ehemaligen **Kutscherhaus** von Schotteck, vorbei zur Haltestelle Kapellenberg. Nach rechts bis zum Raschenkampsweg und dann nach links zum Bahnhof.

Tour-Info

Anfahrt: DB bis St. Magnus
Startpunkt: Bhf. St. Magnus
Endpunkt: Bhf. St. Magnus oder Bushaltestelle Kapellenberg, von dort mit Bus 75 nach Bremen Burg, ab da mit DB nach Bremen Hbf.
Einkehrmöglichkeit: Leider ist in Knoops Park keine Gastronomie vorhanden. Das Café Knoops Park am Admiral-Brommy-Weg ist von der Villa Lesmona ca. 30 Min. Fußweg an der Lesum entlang gen Osten entfernt. Alternativ kann man mit Bus 75 ab Haltestelle Kapellenberg nach Bremen-Vegesack (Bhf.) fahren und an die Weser gehen oder in der Strandlust (s. S. 39) einkehren und noch einen Bummel an der Maritimen Meile in Vegesack anschließen.
Dauer (ohne Fahrtzeit): ca. 1,5 Std. (evtl. plus 1 Std. in Vegesack)

Tour 5

Ziergiebel am Gewerbehaus

Auf der Spur alter Handelshäuser

Bremens Zentrum wurde im Zweiten Weltkrieg stark in Mitleidenschaft gezogen, doch mit Hilfe Bremer Unternehmen konnte man einige der alten Kontor- oder Speicherhäuser wieder aufbauen – oder zumindest ihre Fassaden erhalten. Dies gilt zu allererst natürlich für den Marktplatz mit **Schütting** (s. S. 94) und **Rathsapotheke** sowie dem Gebäude der **Sparkasse** (Langenstraße 1). Die **Langenstraße** zählt zu den ältesten Straßen Bremens, schon im 13. Jh. war sie, auf der Bremischen Düne verlaufend, die längste Straße der Stadt. Hier errichteten wohlhabende Kaufleute aufgrund der Nähe zum alten Hafen ihre Kontorhäuser. Das **Kontorhaus** Langenstraße 2 weist noch Reste der originalen Fassade auf. Heute birgt es u. a. diverse Läden sowie das Restaurant Topaz (s. S. 43). Besonders ins Auge aber fällt rechter Hand (Nr. 13) die **Stadtwaage,** die Lüder von Bentheim 1586–88 im Stil der Weserrenaissance erbaute. Hier richtete sich 1927 der erste bremische Rundfunksender, NORAG, ein. Nach der weitgehenden Zerstörung 1944 baute die Sparkasse Bremen die Stadtwaage 1959–61 als Zweigstelle wieder auf. Heute befindet sich hier die Günter-Grass-Stiftung (s. S. 94). Bei der Nr. 15–21, heute Sitz der Deutschen Factoring Bank, handelt es sich um das ehemalige **Essighaus,** wo zeitweise Essig hergestellt wurde. Nur Teile des Fassadenschmucks von 1618 sind noch erhalten. Geht man am Pressehaus einige Meter in die Martinistraße zurück, so erblickt man rechter Hand (Martinistr. 26) das ehemalige **Hansahaus,** heute Haus der Handelskrankenkasse. Es entstand 1912–15 als Residenz der Deutschen Handelsschifffahrtsgesellschaft Hansa. Beim Bau des Hauses fanden zwei Hausgiebel aus den Jahren 1570 (links) und 1639 (rechts) Verwendung.

Durch die Pieperstraße setzt sich der Weg im Getümmel der Fußgängermeile Obernstraße fort Richtung Ansgarikirchhof. Der Name ist eine Reminiszenz an den Friedhof der einst hier stehenden Kirche St. Ansgari (s. S. 91), an deren Namenspatron lediglich die **Ansgar-Säule** erinnert. Wieder aufgebaut aber wurde in alter Gestalt mit Doppelgieber das **Gewerbehaus** (Ansgaritorstraße), das einstige Amts- und Festhaus der Gewandschneider- und Tuchmachergilde von 1618/19–21 (s. S. 87). Über die Kurze Wallfahrt mit Geschäften und Einkehrmöglichkeiten geht es via Martinistraße wieder in den – zweiten Teil – der Langenstraße, wo das 1620 mit Knorpelwerkfront erbaute alte Kaufmannshaus der Firma **Suding und Soeken** steht (Nr. 28). 1730 gestaltete man die unteren drei Geschosse durch den Bau von Ausluchten und Dielen um. Ein Blick hinein in das Haus, in dem u. a. Autolacke verkauft werden, lohnt wegen des schönen Holztreppengeländers – hier erahnt man, wie gediegen-opulent die Bremer Kaufleute residierten.

Ein einstiges Arme-Leute-Viertel

Über die Verlängerung der Langenstraße, den **Geeren** (sehenswert der Sitz der Architektenkammer in Nr. 41–43), gelangt man dann ins **Stephani-Viertel** mit der **St. Stephani-Kirche** (s. S. 92). Das Stephani- bzw. früher Steffens-Viertel lag bis 1305 außerhalb der Stadtmauern. Im Viertel lebten anfänglich Seeleute, Fischer und Handwerker – ähnlich wie im Schnoor –, dann überwiegend Arbeiter. Man lebte in engen Häusern, die als Gängeviertel gruppiert waren. Die heutige, großzügigere Bebauung erinnert noch ein wenig an den alten Charakter des Viertels. Die Seemannstradition lebt mit dem Seemannsheim in der Straße Jippen (abgeleitet von Ägypten) fort.

Die Weserpromenade

Unterhalb der Kirche führen Stufen hinunter an die Weser. Früher herrschte hier reges Hafentreiben, bedeutende Übersee-Handelshäuser hatten hier ihre Entladestellen und große Pack- bzw. Speicherhäuser. Seit einigen Jahren wird die Schlachte im Sinne einer Stadt am Fluss wiederbelebt. Eine Promenade verläuft hier auf zwei Ebenen entlang der Weser. Noch ist das erste Teilstück bis zur Bürgermeister-Smidt-Brücke eher ruhig, doch hat hier die Jugendherberge ihren Sitz, ein neues Hotel wird gebaut, ein Restaurant (Le Madame Hô, s. S. 40) hat sich etabliert. Letzteres steht Ecke **Fangturm,** eine Straße, die ihren Namen nach einem Turm der alten Stadtmauer trägt, den Ende des 19. Jh. das Neue Kornhaus von Lüder von Bentheim ablöste (im Krieg zerstört).

Unterhalb der Stephani-Brücke befinden sich **Anlegeplätze** für Gäste, die Bremen mit eigenem Boot ansteuern.

Hat man die Bürgermeister-Smidt-Straße überquert, so ist man – vor allem im Sommer – im bunten Treiben an der **Schlachte** (abgeleitet von Slaits, den Pfosten, die zur Befestigung des Ufers einst entlang der Weser eingeschlagen waren; s. S. 66). In den sanierten oder neu erbauten Häusern haben weiterhin Handelsfirmen etc. ihren Sitz. Darüber hinaus aber haben sich Restaurants und Bars angesiedelt, die zusammen mit den auf der Weser liegenden Restaurant- und Partyschiffen sowie dem Nachbau einer Bremer Hansekogge der Schlachte ihr besonderes Flair verleihen.

Die Namen der von der Schlachte abzweigenden Gassen Letzte **Schlachtpforte** bis Erste Schlachtpforte beziehen sich übrigens darauf, dass die Schlachte früher außerhalb der Stadtmauern lag und nur durch die Schlachtepforten zu erreichen war.

Tour-Info

Startpunkt: Marktplatz
Endpunkt: Schlachte
Haltestelle: Domsheide
Dauer: ca. 1,5–2 Std.
Einkehren: Le Madame Hô (s. S. 40), oder an der Schlachte in einem der Lokale (s. S. 66)

Register

Alle Angaben ohne Gewähr. Für Fehler können wir keine Haftung übernehmen.
Ihre Anregungen und Korrekturhinweise greifen wir gern auf.
DuMont Reiseverlag, Postfach 3151, 73751 Ostfildern
E-Mail: dumont@mairdumont.com

Bildnachweis:
Titel: Bremer Stadtmusikanten
S. 1: Gute Laune bei der Vision Parade
S. 6/7: Samba-Karneval vor dem Rathaus
S. 24/25: Der Roland auf dem Marktplatz
S. 106/107: Mühle in den Wallanlagen

Fotografen:
Michael Ihle (Bremen): S. 1, 8, 32, 43, 47, 52, 62,68, 78
Jochen Mönch (Bremen): S. 2/3, 6/7, 9, 12, 24/25, 31, 34, 70, 72, 74, 82, 86, 89, 93, 97, 102, 104, 108, 110, 112
Michael Pasdzior/White Star (Hamburg): Titel, S. 14, 17, 26, 39, 51, 59, 106/7, 116
Antonia Waller (Bremen): S. 114

Kartografie:
© DuMont Reiseverlag, Ostfildern

Grafisches Konzept: Groschwitz, Hamburg, Druck: Rasch, Bramsche
Buchbinderische Verarbeitung: Bramscher Buchbinder Betriebe

ISBN 3-7701-6510-1